Fred Conijn

Aan de slag met CSRD

IMPACT & AANPAK

Colofon

Samenstellers en uitgever zijn zich volledige bewust van hun taak een zo betrouwbaar mogelijke uitgave te verzorgen. Niettemin kunnen zij geen enkele aansprakelijkheid aanvaarden voor (de gevolgen van) onvolkomenheden die eventueel in deze uitgave voorkomen.

Dynamic Control
Sikkelkruid 39
3824PN Amersfoort
Uitgever: Fred Conijn

ISBN 978-90-9037637-0

NUR 165

INHOUDSOPGAVE

VOORWOORD

De totstandkoming van dit laatste boek, is een nieuwe ervaring voor mij. Als opa kijk ik inmiddels heel anders tegen de wereld aan. Boeken zoals Kapitaal in de 21e eeuw (Thomas Piketty), de Donut economie (Kate Raworth), 99% (Mark Thomas) en Omarm de chaos (Jan Rotmans) doen mij beseffen dat het anders moet. Niet zozeer voor mij, mijn tijd zal het wel duren. Mijn kinderen halen het misschien ook nog net, maar mijn kleinkinderen... Duurzaamheid is geen luxe meer, iets voor mensen met geiten wollen sokken, of voor bewoners van de grachtengordel. Het is cruciaal voor iedereen die geeft om zijn kinderen en kleinkinderen.

Hoe kan ik, op een praktische manier, iets bijdragen? Het antwoord kwam in november 2022. De concept ESRS (*European Sustainability Reporting Standards*) werden gepubliceerd. Met de *'Green Deal'* hadden Europese overheden, bedrijven en andere maatschappelijke instanties afspraken gemaakt om onze impact op klimaatverandering te verminderen. Om te zorgen dat de afspraken worden nageleefd, heeft de Europese Commissie het *Corporate Sustainability Reporting Directive* (CSRD) opgesteld. Dat werd geconcretiseerd in de vorm van ESRS's. Dat was iets waar ik verstand van heb en mee aan de slag kan. Aan de ene kant was het een *hell of a job* om die richtlijnen door te nemen. Aan de andere kant waren ze wel heel concreet en was het een mooie uitdaging om ze toegankelijk te maken.

Hoe? De eerste stap was de complexiteit reduceren. Daarvoor is een aanpak ontwikkeld waarbij de richtlijnen op een logische wijze zijn geclusterd. Zo is er een directe koppeling tussen kennis over regelgeving en deze toepassen in uw organisatie. De tweede stap was het gesprek aangaan met organisaties en mensen, die al ervaring hadden met ESG. Hun praktijkvoorbeelden inspireren ons om aan de slag te gaan.

Toen op 31 juli 2023 de definitieve richtlijnen werden gepubliceerd, had ik geen excuus meer. Het was tijd om de resultaten vast te leggen in een praktisch en compact boek. Dat kostte veel energie, zonder dat ik op dat moment wist of het werkte. Ik ben dan ook heel blij met de reacties van deelnemers van de opleidingen die ik verzorg. Zij gebruikten de metafoor van het leggen van een puzzel. Na het doornemen van de tekst en het volgen van de opleiding, hadden zij niet alleen een duidelijk beeld welke ESG puzzelstukjes er zijn. Zij begrepen de samenhang, waar de stukjes komen te liggen, welke ze al hebben, welke ze nog moeten ontwikkelen en hoe ze dat aan kunnen pakken.

Ik hoop van harte dat dit boek u inspireert om aan de slag te gaan met uw eigen ESG puzzel.

Fred Conijn, Amersfoort september 2023.

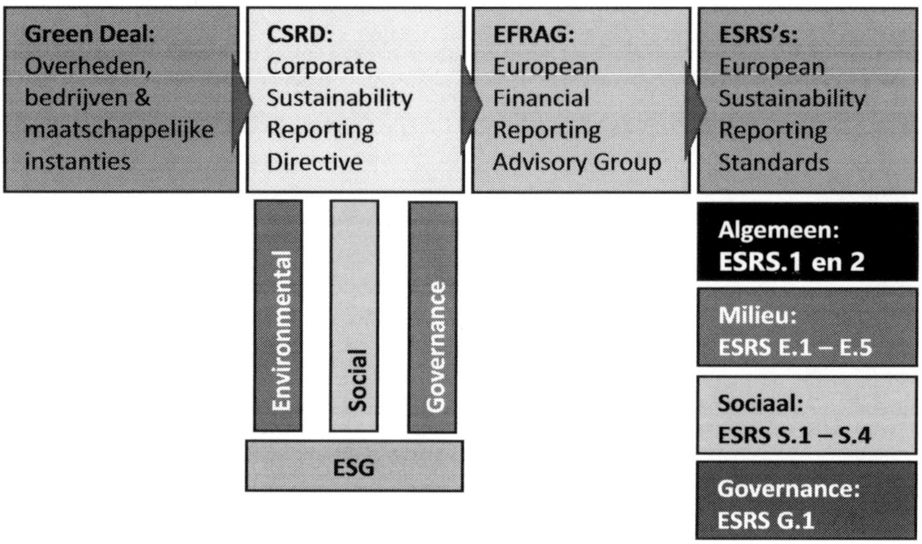
Green Deal:
Overheden, bedrijven & maatschappelijke instanties
CSRD:
Corporate Sustainability Reporting Directive
EFRAG:
European Financial Reporting Advisory Group
ESRS's:
European Sustainability Reporting Standards
Environmental
Social
Governance
ESG
Algemeen:
ESRS.1 en 2
Milieu:
ESRS E.1 – E.5
Sociaal:
ESRS S.1 – S.4
Governance:
ESRS G.1

1. INTRODUCTIE

1.1 *Environmental, Social* en *Governance* zijn de pijlers van CSRD

Met de *'Green Deal'* hebben Europese overheden, bedrijven en andere maatschappelijke instanties afspraken gemaakt om onze impact op klimaatverandering te verminderen. De ambitie is om de EU om te vormen tot een moderne economie die zorgt voor stabiliteit, banen, groei en investeringen en om in 2050 netto geen broeikasgassen meer uit te stoten. Om te zorgen dat de afspraken worden nageleefd, heeft de Europese Commissie het *Corporate Sustainability Reporting Directive* (CSRD) opgesteld. De CSRD omvat grofweg drie pijlers: *Environment, Social* en *Governance* (ESG). De CSRD is ontwikkeld om ervoor te zorgen dat transparante, eenduidige, vergelijkbare informatie openbaar toegankelijk is, over de duurzaamheidsprestaties van ondernemingen. Het bestuursverslag van de onderneming wordt uitgebreid met een duurzaamheidsverslag. Het duurzaamheidsverslag wordt opgesteld conform de *European Sustainability Reporting Standaarden* (ESRS's). Ondernemingen moeten deze informatie digitaal beschikbaar stellen zodat deze gemakkelijk vergelijkbaar en benaderbaar is. De CSRD wordt gefaseerd ingevoerd. Beursgenoteerde bedrijven moeten over het jaar 2024 (in 2025) al rapporteren conform CSRD. In 2025 zijn andere grote bedrijven aan de beurt, als zij voldoen aan 2 van de 3 volgende criteria: meer dan 250 medewerkers, meer dan 40 miljoen euro omzet of meer dan 20 miljoen balanstotaal. Zij rapporteren over het jaar 2025. Dat betekent dat zij eind 2024 klaar moeten zijn met hun informatievoorziening, beleid, doelstellingen en processen om aan die verplichting te kunnen voldoen. Daarna volgen de beursgenoteerde MKB-bedrijven die over 2026 rapporteren.

1.2 Duurzaamheid levert concurrentievoordeel op

Door het verplicht karakter van de CSRD kan het worden gezien als een 'verplicht nummer'. Duurzaamheid maakt een organisatie echter ook aantrekkelijker voor investeerders, werknemers, klanten en ketenpartners. Als een bedrijf kan aantonen dat het duurzaam werkt, kan het makkelijker investeerders aantrekken. De bank rekent dan zelfs minder rente. Het maakt een organisatie ook aantrekkelijker als werkgever. De meerderheid van de werknemers in de UK: 66% en de US: 76%, wil werken voor een organisatie die probeert een positieve impact te hebben op de wereld. (bron '2023 Net Positive Employee Barometer'). Of zoals een HRM directeur het verwoordde: 'het is vaak de tweede vraag bij een sollicitatiegesprek'. En omdat je als bedrijf onderdeel bent van een keten waarin iedereen duurzamer moet worden, doen partners ook graag zaken met jou. Het onderscheid jou van bedrijven die niet duurzaam werken.

Verplichte ESRS's

ESRS.1 Algemene vereisten	ESRS.2 Algemene toelichting	*ESRS.1: 2, 29 & 30*

Afhankelijk van materialiteit

Milieu: ESRS E	Sociaal: ESRS S	Governance: ESRS G
1. Klimaat-verandering	1: Arbeids-krachten	1. Business conduct
2.Vervuiling	2. Arbeiders in de waardeketen	
3.Water,mariene hulpbronnen	3. Invloed op gemeenschappen	
4.Biodiversiteit en ecosystemen	4. Klanten en eindgebruikers	
5.Materiaalverbr. circul. economie		

https://ec.europa.eu/finance/docs/level-2-measures/csrd-delegated-act-2023-5303-annex-1_en.pdf

Sterker nog jouw partners gaan rapporteren over broeikasgasuitstoot en risico's die zij lopen in de keten. Logisch dat zij risico's zoveel mogelijk willen beperken bij hun leveranciers. Klanten kunnen ook hele praktische overwegingen hebben. Een huurder van een pand, wil een duurzaam pand, omdat de energiekosten lager zijn.

1.3 ESG is uitgewerkt in rapportagestandaarden de ESRS's

De *European Financial Reporting Advisory Group* (EFRAG) heeft 12 standaarden ontwikkeld waarvan:

- Twee algemene standaarden (ESRS.1 en 2): die ingaan op de algemene principes en toelichtingsvereisten
- Vijf standaarden op gebied van milieu (ESRS.E1 tot en met 5), gericht op klimaatverandering, vervuiling, waterverbruik, biodiversiteit & ecosystemen en materiaalgebruik & circulaire economie;
- Vier standaarden op gebied van sociale aspecten (ESRS.S1 tot en met 5) bij eigen arbeidskrachten, arbeiders in de waardeketen, invloed van de onderneming op gemeenschappen en klanten & eindgebruikers;
- Eén standaard over governance (ESRS.G1) inzake bestuur, ethiek, waarden en normen van de organisatie.

Op 31/7'2023 zijn de definitieve ESRS's gepubliceerd. De standaarden ESRS.1 (algemene vereisten) & ESRS.2 (algemene toelichting) zijn verplicht. Voor de overige standaarden geldt dat 'de organisatie haar materiële effecten, risico's en kansen met betrekking tot milieu-, sociale en bestuurlijke duurzaamheidskwesties openbaar maakt' (ESRS.1: 2). Oftewel de andere ESRS's zijn van toepassing als zij materieel zijn voor een organisatie. Dit is logische wijziging t.o.v. de concept standaarden. Daarin waren ESRS.E1 (klimaatverandering) en ESRS.S1 (arbeidskrachten) *Disclosure Requirement* S1 tot en met S9 ook verplicht. Het is logisch dat er alleen wordt gerapporteerd over zaken die materieel zijn. Daarnaast is het de vraag wat de impact van deze wijziging betekent in de praktijk. Zijn er grote ondernemingen waarvoor de impact van klimaatverandering en van arbeidskrachten niet materieel zijn? Als dat het geval is zullen zij uitgebreid moeten toelichten waarom klimaatverandering niet materieel is. Voor de overige onderwerpen volstaat een korte toelichting met de uitkomsten van de materialiteitsbeoordeling (ESRS.1: 32).

De standaarden bevatten *Disclosure Requirements* (DR's) die het 'waarom en wat' duidelijk maken. De bijlagen bevatten *Application Requirements* (AR's) die het 'hoe' aantonen. Daarnaast bevatten de bijlagen templates en voorbeelden om het te concretiseren. Dit kan worden beschouwd als de kracht van de standaarden. Hierdoor worden de vereisten tastbaar en is het een kwestie van het maken van de vertaling naar uw eigen organisatie. Nadeel is dat het daardoor wel erg veel wordt en op veel verschillende plekken relevante details staan. Waardoor je het totaaloverzicht verliest en het gevaar bestaat dat je door de bomen het bos niet meer ziet.

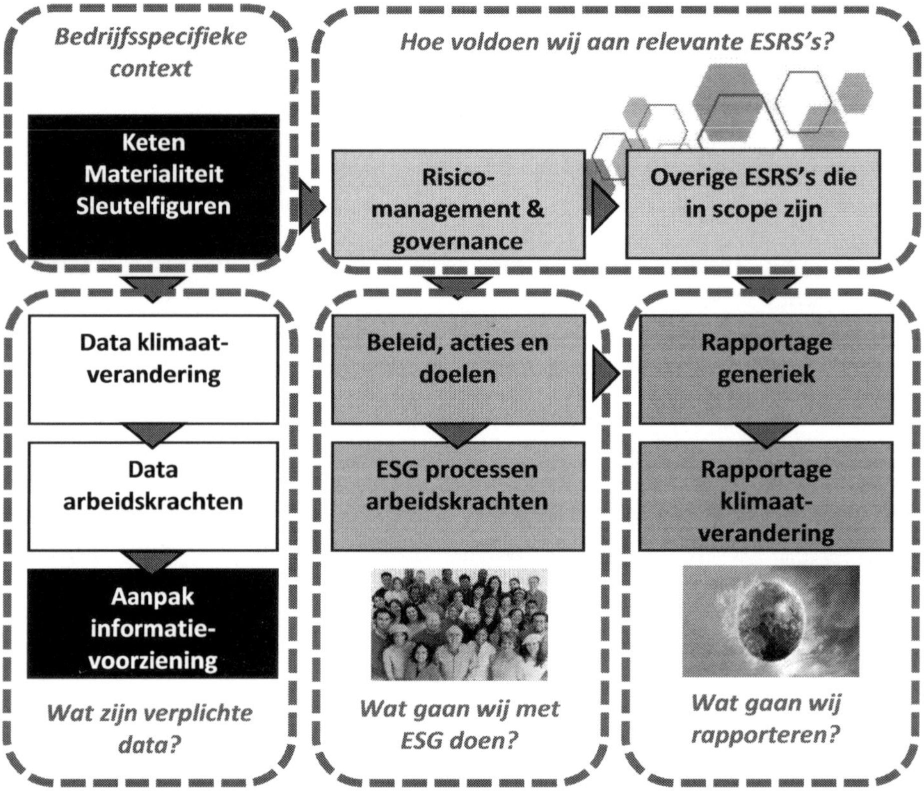
Bedrijfsspecifieke context
Keten
Materialiteit
Sleutelfiguren
Hoe voldoen wij aan relevante ESRS's?
Risico-management & governance
Overige ESRS's die in scope zijn
Data klimaat-verandering
Data arbeidskrachten
Aanpak informatie-voorziening
Wat zijn verplichte data?
Beleid, acties en doelen
ESG processen arbeidskrachten
Wat gaan wij met ESG doen?
Rapportage generiek
Rapportage klimaat-verandering
Wat gaan wij rapporteren?

1.4 ESG aanpak biedt overzicht en toont samenhang tussen vereisten

Om de impact te kunnen bepalen komen in dit boek alle relevante vereisten *(Disclosure* én *Application Requirements)* van ESRS.1, 2, E1 en S1-1/9 aan de orde. Naast de verplichte ESRS's 1 en 2 omvat het ook essentiële details m.b.t. E1:klimaatverandering en S1:arbeidskrachten, omdat deze voor de meeste grote ondernemingen materieel zullen zijn. Om de samenhang inzichtelijk te maken zijn de vereisten op een logische manier geclusterd. De ESG aanpak is daarbij leidend.

De ESG aanpak start met het creëren van een duidelijk beeld van de bedrijfsspecifieke context. Dit zorgt ervoor dat degenen die aan de slag gaan met ESG, uitgaan van hetzelfde referentiekader. Hierdoor is het mogelijk te focussen op wat voor onze organisatie relevant is. Als er bijvoorbeeld gerapporteerd moet worden over het aantal medewerkers per land, en de organisatie alleen actief is in Nederland, hoeft hier geen rekening mee gehouden worden. Doordat er een gezamenlijk referentiekader is, wordt het ook mogelijk parallel te werken met verschillende betrokkenen aan:

- De informatievoorziening: welke data moeten wij registreren en hoe gaan we die ontsluiten?
- Materialiteit en risicomanagement: welke ESRS's zijn van toepassing zijn en hoe wordt ESG onderdeel van de reguliere besturing?
- Beleid, acties en doelen: wat gaan wij (anders) doen om de ESG doelen te realiseren?
- Rapporteren: waar moeten wij rekening mee houden bij het ontwikkelen en vullen van de duurzaamheidsrapportage?

Het mooiste is als de impactanalyse door het gehele team gezamenlijk wordt uitgevoerd. Daarbij wordt tijdens een paar werksessies voor alle vereisten een inschatting gemaakt van de impact op de eigen organisatie. Dat gebeurt op basis van aannames van de ESG teamleden. Bij het doorvoeren van veranderingen, worden aannames gevalideerd en gecompleteerd. Op deze wijze ontstaat binnen een korte doorlooptijd: een beeld van de impact, wat er moet gebeuren, wat de samenhang is en wanneer de veranderingen het beste kunnen worden doorgevoerd. Zo wordt voorkomen dat er eerst een uitgebreide materialiteitsbeoordeling wordt uitgevoerd, met alle relevante belanghebbenden, die een paar maanden duurt. Men daarna aan de slag gaat met het ontwikkelen van nieuw beleid, acties en doelen, wat een nog langere doorlooptijd heeft. Waardoor er te laat aandacht wordt besteed aan het aanpassen van de informatievoorziening. Overigens is het verstandig als medewerkers met verstand van de informatievoorziening, participeren in het ontwikkelen van beleid, acties en doelen. Waarbij zij nagaan in hoeverre de resultaten goed geregistreerd (kunnen) worden en er sprake is van een duidelijk *audittrail.* De externe accountant zal hier immers, te zijner tijd om vragen.

2
Bedrijfsspecifieke context
ESG sleutelfiguren, strategie, bedrijfsmodel, waardeketen & belanghebbenden (ESRS.2:SBM.1 & 2 & ESRS.1 hoofdstuk 5) en indicatieve materialiteit
6
Risicomngt. & governance
Huidige governance (ESRS.2: GOV.1/4), proc. Impact-bepaling (ESRS.2:IRO.1), materiële impact (ESRS.1 :hfdstk.3/4 & ESRS.2.SBM.3), ESG integratie in risicomngt (ESRS.2:GOV.5)
Overige ESRS's
• E2/E5, S1.DR.10/S4 & G1
• Data
• Governance
• Beleid & acties
• Rapportage
3
Data klimaatverandering
Meetwaarden en doelstellingen (ESRS.2.MDR-M, MDR-T & E1-4), energie consumptie (E1-5), broeikasgasuitstoot (E1-6) & broeikasgas-vermindering (E1-7)
7
Beleid, acties en doelen
Vereisten beleid en acties (ESRS.2 MDR-P en MDR-A), transitieplan broeikasgas(E1-1), beleid klimaat & arbeidskrachten (E1-2 & S1-1), acties, middelen en doelen (E1-3 & S1-5)
9
Rapportage generiek
Generieke uitgangspunten (ESRS.1.hfdstk 6/9, ESRS.2 :BP.1&2), inhoud rapportage (ESRS.2 :IRO.2), vrijstellingen (ESRS.1:hfdstk.10), datakwaliteit (ESRS.1 hfdstk.3 & Bijlage.C)
4
Data arbeidskrachten
Kenmerken werknemers (S1-6), kenmerken overige arbeidskrachten (S1-7), CAO-dekking, sociale dialoog & diversiteit (S1-8&9), voorbeelden doelen 'arbeidskrachten' (S1-App.A.4),
8
Processen arbeidskrachten
Betrekken medewerkers impactbepaling (S1-2), uiten zorgen arbeidskrachten (S1-3), activiteiten en proces managen materiële impact arbeidskrachten (S1-4&5)
Rapportage klimaatverandering
Interne 'carbon pricing' (E1-8), mogelijke financiële impact materiële risico's/kansen klimaatverandering (E1-9)
5
Aanpak informatievoorziening
Beschikbare data en bronnen additionele meetwaarden & dimensies.
Systeemoplossingen voor registratie, ontsluiting & rapportage.
Prioritering & planning
10
AAN DE SLAG MET ESG

1.5 Leeswijzer

Het boek is modulair opgebouwd. Na hoofdstuk 2: bedrijfsspecifieke context kunt u zelf uw volgorde bepalen. Uit onderstaand overzicht blijkt welke vraagstukken aan de orde komen in deze hoofdstukken:

3. Data klimaatverandering:

- Wat is nodig om de energie consumptie mix te kunnen rapporteren?
- Hoe meten wij de broeikasgasuitstoot, van ons, ingekocht én in de keten?
- Hoe maken we de uitstoot inzichtelijk vanuit voorgeschreven dimensies?

4. Data arbeidskrachten:

- Hoe ontsluiten we voorgeschreven kenmerken van werknemers?
- Hoe leggen we van andere arbeidskrachten inzet en contracttype vast?
- Hoe registreren wij de dekking van CAO's en de sociale dialoog?

5. Aanpak informatievoorziening:

- Welke meetwaarden voor klimaat en arbeid worden vastgelegd en waar?
- Hoe gaan we nieuwe meetwaarden en dimensies registreren?
- Hoe ziet de aanpak voor de informatievoorziening er uit?

6. Risicomanagement en *governance*:

- Welke aanpassingen zijn nodig in de *governance* volgens ESRS's?
- Wat is het proces voor de totstandkoming van duurzaamheidsrapportages?
- Welke ESRS's zijn voorgeschreven n.a.v. de materialiteitsbeoordeling?

7. Formuleren beleid, acties en doelen:

- Wat zijn richtlijnen voor beleid, acties en doelen m.b.t. klimaatverandering & arbeidskrachten?
- In hoeverre zijn voorbeelden in *application requirements* relevant?
- Hoe betrekken wij medewerkers op de werkvloer bij de realisatie van doelen?

8. Processen voor arbeidskrachten:

- Hoe betrekken wij onze arbeidskrachten?
- Wat doen wij om de negatieve impact te beperken?
- Hoe managen wij de realisatie van doelstellingen?

9. Rapporteren en managen datakwaliteit:

- Wat zijn de richtlijnen voor de duurzaamheidsrapportage?
- Welke vrijstellingen zijn van toepassing?
- Wat zijn de eisen t.a.v. datakwaliteit en hoe managen wij de kwaliteit?

10. Aan de slag met ESG:

- Wat is de impact van ESG op onze organisatie?
- Welke bedrijfsspecifieke oplossingen kunnen wij snel toepassen?
- Hoe ziet onze ESG aanpak eruit?

1: Bestrijder van complexiteit:
'simplificeert & vereenvoudigt sturing'
- voorkomt informatie-overload
- vereenvoudigt systemen & rapporten
- focust op transparantie
- vermijdt onnodige hulpmiddelen

2: Analist & adviseur:
'fungeert als 'trusted business advisor'
- balanceert beheersing & sturing
- bouwt een team dat excelleert
- levert topkwaliteit m.b.v. techniek
- levert fundament voor beslissingen

3: Bestrijder van verspilling:
'draagt bij aan efficiency verbetering'
- bestrijdt bureaucratie
- beheert kosten d.m.v. data & drivers
- stemt capaciteit af op behoefte klant
- stelt toegevoegde waarde vast

4: Meester van metingen:
'heeft cruciale rol bij sturen op gedrag'
- benadrukt op leren & verbeteren
- kiest de juiste maatregelen
- beoordeelt trends & afwijkingen
- ondersteunt dialoog prestaties

5: Regelneef regelgeving:
'waarborgt naleving regelgeving'
- managed de organisatie risico's
- ontwikkelt ethische standaarden
- benadert onzekerheid 'open minded'
- verzorgt feedback op beheersing

6: Veranderkampioen:
'vervult actieve rol bij veranderingen'
- maakt uitdagende 'case for change'
- ontwikkelt richtinggevende doelen
- ondersteunt sleutelfiguren
- betrekt betrokkenen medewerkers

7: Regisseur duurzame sturing:
'operationaliseert (be)sturing'
- ontwikkelt duurzame besturing
- managed het besturingssysteem
- levert rolling forecasts & indicatoren
- focust op ambitieuze verbeteringen

1.6 De rol van *Finance & Control* bepaalt wat zij gaan doen bij de implementatie van ESG

Rollen die *Finance & Control* (F&C) kan vervullen zijn: 'bestrijder van complexiteit', 'analist & adviseur', 'bestrijder van verspilling', 'meester van metingen', 'regelneef regelgeving', 'veranderkampioen' en 'regisseur dynamische sturing'. Wat deze rollen precies inhouden blijkt uit de werkzaamheden die per rol zijn weergegeven. Voordat u aan de slag gaat met ESG is het belangrijk dat u de volgende vragen beantwoord, zowel voor F&C in zijn geheel, als voor de rol die u zelf vervult.

Toetsvragen:

- Welke rol(len) vervult F&C binnen mijn organisatie?
- Welke rollen zijn belangrijk in het kader van de ESG implementatie?
- Wat kan F&C in dat kader doen?
- Welke rol vervul ik binnen de organisatie?
- Wat kan ik bijdragen aan de invoering van ESG?

1.7 Aan de slag met ESG

Aan het eind van de rit weet u met welke vraagstukken u aan de slag moet en hoe. U heeft een beeld van welke puzzelstukje u al heeft en welke nog ingevuld moeten worden. De ESG aanpak maakt duidelijk wat de contouren en de structuur van de puzzel is. Het boek biedt ook handvatten om dit te vertalen naar uw eigen situatie. In hoofdstuk 10 staat hoe u de resultaten van de impactanalyse kan omzetten in een bedrijfsspecifieke ESG aanpak.

Per hoofdstuk komen de essentiële ESRS details aan de orde. De figuren die er naast staan, zijn een samenvatting van alle aspecten die in de desbetreffende *Disclosure* en *Application Requirements* (AR's en DR's) aan de orde komen. Daarbij staan ook verwijzingen naar de desbetreffende AR's en DR's. Deze verwijzingen naar de originele bron, stellen u in staat de tekst van de ESRS te raadplegen: https://ec.europa.eu/finance/docs/level-2-measures/csrd-delegated-act-2023-5303-annex-1_en.pdf .
Zodra u met een bepaald onderwerp aan de slag gaat, zal u deze nog een keer door moeten nemen. Al is het maar om te checken of de rapportage aan alle eisen voldoet. Indien u wilt weten waar een afkorting voor staat, of wat de definitie is van een bepaald begrip, kijk dan naar: https://ec.europa.eu/finance/docs/level-2-measures/csrd-delegated-act-2023-5303-annex-2_en.pdf

Tevens bevat elk hoofdstuk voorbeelden hoe andere organisaties aan de slag zijn gegaan, tegen welke vraagstukken zij opliepen en hoe zij daarmee zijn omgegaan. Deze praktijkvoorbeelden helpen bij het toepassen van de vereisten voor uw eigen organisatie.

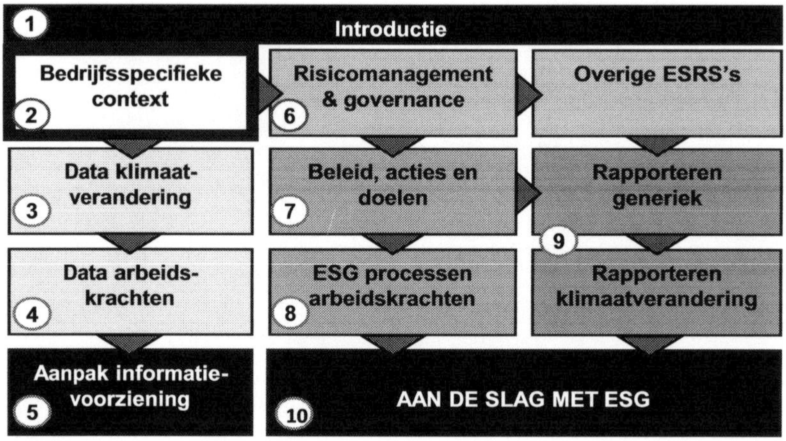

Activiteiten

1. Vastleggen strategie, bedrijfsmodel (ESRS.2:SBM.1);
2. Bepalen van de waardeketen(s);
3. Uitvoeren indicatieve materialiteitsbeoordeling;
4. Betrekken sleutelfiguren.

Resultaten

- Vastlegging strategie, bedrijfsmodel en belanghebbenden om aanpak bedrijfsspecifiek te maken;
- Voldoen aan DR's en AR's van ESRS.2:SBM 1 & 2 (w.o. registratie ESRS sectoren voor klanten & leveranciers);
- Vastlegging belangrijkste componenten waardeketen als referentie voor de scope van de ESG impactanalyse;
- Sleutelfiguren en hun rol bij de uitrol van ESG in kaart gebracht ;
- Communicatie met sleutelfiguren over de impact van ESG en hun rol bij de uitrol en in de reguliere operatie.

2. BEDRIJFSSPECIFIEKE CONTEXT

2.1 De context verschilt per organisatie

Naast de omvang van een bedrijf speelt ook de sector waarin het bedrijf opereert een rol in de mate van volwassenheid op het gebied van duurzaamheid. De maakindustrie heeft al veel langer te maken met regels omtrent de uitstoot van gevaarlijke stoffen en de veiligheid van medewerkers. Zij moeten al beleid opstellen, registreren en rapporteren om de benodigde vergunningen te krijgen of behouden. Er zijn al processen en systemen hiervoor ingericht. Dit is meestal belegd bij een QHSE-manager, die verantwoordelijk is voor kwaliteit, gezondheid, veiligheid en milieu.

Sectoren zoals metaalbewerking, chemische- en voedselindustrie zetten in op ESG om tegemoet te komen aan markteisen. Waar de metaalindustrie zich vooral focust op efficiëntie, zien de chemische en voedselindustrie duurzaamheid ook als een *key driver* voor bedrijfscontinuïteit op de lange termijn. Hoe ver zij daarmee zijn blijkt uit de onderstaande data, die zijn ontleend aan Europees onderzoek dat Sdu heeft laten uitvoeren in het voorjaar van 2023 over de huidige stand van zaken m.b.t. ESG:

Bezig met:	**Metaal**	**Chemie**	**Voedsel**
identificeren ESG-doelen	40%	44%	
Inrichten van rollen en processen	26%	22%	38%
Verzamelen data in lijn met de Europese richtlijn			14%
Identificeren en doorvoeren verbeteringen			14%

Een mooi voorbeeld is IMCD. Zij zijn marktleider in de marketing, verkoop en distributie van speciale chemicaliën en ingrediënten en genoteerd aan de Amsterdams beurs (AEX). Hun ESG reis begon met het boekjaar 2018. In eerste instantie stonden regelgeving en verwachtingen in de markt centraal. 'Inmiddels is duurzaamheid een belangrijke drijfveer van het bedrijf. Het maakt deel uit van de cultuur...De duurzaamheidsbenadering is een integraal onderdeel van het bedrijf geworden.' Aldus de CEO Piet van der Slikke in het voorwoord van het *Sustainability report 2022* getiteld *Accelerating to a more sustainable future.*

De dienstensector blijft nog achter. Dienstverlenende organisaties ervaren volgens het Sdu onderzoek op dit moment nog geen enkel pijnpunt, wat erop wijst dat de meeste hiervan gewoonweg nog niet bezig zijn met CSR(D) en de aankomende wettelijke verplichtingen. Wanneer je voornamelijk op kantoor vanachter een bureau werkt, springen CO2 uitstoot of (on)eerlijke beloning niet direct in het oog. Maar ook dienstverlenende organisaties krijgen met CSRD te maken. Verplichtingen uit hoofde van regelgeving en marktdruk van ketenpartners of consumenten zorgt ervoor dat zij aan de slag gaan.

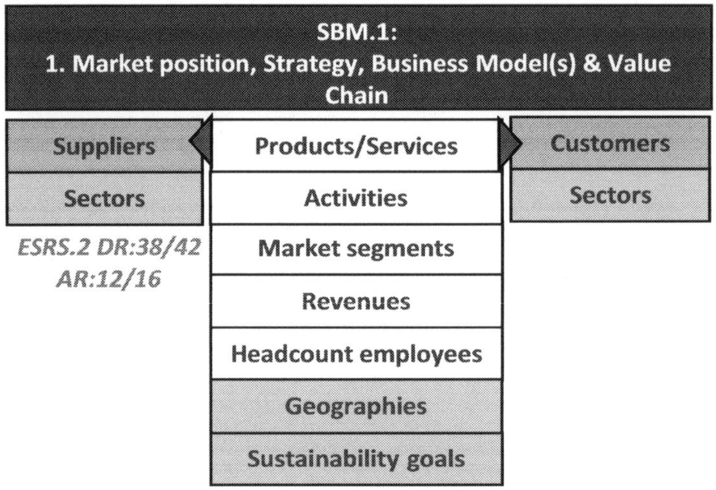

14 sector groups & 40 sectors
(ESRS SEC1 Sector classification: WP, February 2022)

Agriculture	
Agriculture & Farming	AAF
Forestry	AFO
Construction	
Construction & Engineering	CCE
Energy	
Energy Production & Utilities	EEU
Water & Waste Services	**EWW**
Entertainment	
Casinos & Gaming	ECG
Leisure Facilities	ELF
Financial Institutions	
Capital Markets	FCM
Banking	FBM
Insurance	FIN
Health Care & Services	
Health Care	HHC
Hospitality	
Food & Beverage Services	HFS
Hotels & Lodging	HHL

Manufacturing	
Aerospace & Defence	MAD
Automob. & Other Transport Veh.	MAO
Biotechnology & Pharmaceuticals	MBP
Building Products & Furnishings	MBF
Chemicals & Biofuels	MCB
Construction Materials	MCM
Electronics	MEL
Food & Beverages	MFB
Machinery & Equipment	MME
Medical Equipment & Services	MMS
Metal Processing	MMP
Oil & Gas - Midstr. & Downstr.	MOM
Pulp, Paper & Wood products	MPW
Tekst., Apparels, Footw.& Access.	MTA
Tobacco	MTO
Toys, Sport. Goods & Musical inst.	MTM

Mining	
Coal Operations	MCO
Mining	MMI
Oil & Gas - Upstream & Services	MOU
Real Estate	
Real Estate & Services	RRS
Services	
Advertising & Marketing	SAM
Education	SED
Professional & Commercial Serv.	SPC
Technology	
Media & Communication	TMC
Software & IT Services	TSI
Transportation	
Transportation	TTR
Wholesale & Retail	
Wholesale & Retail trade	WWR

2.2 SBM.1 omvat een beschrijving van marktpositie, strategie, bedrijfsmodel en waardeketen

De ESG aanpak start met het creëren van een duidelijk beeld van de bedrijfsspecifieke context. Dit zorgt ervoor dat degenen die aan de slag gaan met ESG, uitgaan van hetzelfde referentiekader. SBM.1 biedt een mooi overzicht van zaken die beschreven kunnen worden om een gedeeld beeld te krijgen van de marktpositie, strategie, het business model en de waardeketen Deze beschrijving moet te zijner tijd toch gemaakt worden. Door direct een eerste versie op te stellen, kan deze gebruikt worden als gezamenlijk referentiekader.

In ESRS.2:DR:38 wordt weergegeven welke aspecten beschreven moeten worden m.b.t. de eigen organisatie, dit omvat onder andere:

- Een beschrijving van de producten/diensten die worden geleverd, de markten/klantsegmenten die worden bediend, het personeelsbestand per regio en indien van toepassing producten/diensten die 'verboden zijn' in bepaalde markten.
- Uitsplitsing van de omzet voor relevante ESRS sectoren.
- Duurzaamheidsdoelen m.b.t. producten, diensten, klantsegmenten, geografie en belanghebbenden en de huidige positie t.o.v. de doelen.

De informatie over de eigen organisatie zal vaak beschikbaar zijn. Het is een kwestie van verzamelen en vastleggen conform de SBM.1 structuur.

De uitsplitsing van de omzet naar ESRS sectoren kan wel een uitdaging zijn. De ESRS sector classificatie omvat 40 sectoren, die geclusterd zijn in 14 sector groepen. Deze classificatie is 'ESG gekleurd'. Voor dienstverlening (*services*) zijn er bijvoorbeeld slechts 3 sectoren, terwijl er voor productie (*manufactoring*) 16 zijn, waarbij '*tabacco*' een aparte sector is. Als de omzet in het huidige informatiesysteem ontsloten kan worden per sector, zal de huidige indeling waarschijnlijk verschillen met de ESRS sectoren. Er is ook goed nieuws. Er zijn softwareleveranciers die functionaliteit bieden om de SBI code (standaardbedrijfscode indeling) van de Kamer van Koophandel vast te leggen in de masterdata van klanten (en leveranciers). De SBI is gedetailleerder dan de ESRS sector classificatie. Door een *mapping* van de SBI codes op de ESRS sector classificatie kan voldaan worden aan de uitsplitsing van de omzet voor relevante ESRS sectoren. Criteria voor relevantie zijn in dit geval: omzet meer dan 10% van de totale omzet óf gerelateerd aan een risico met materiële impact.

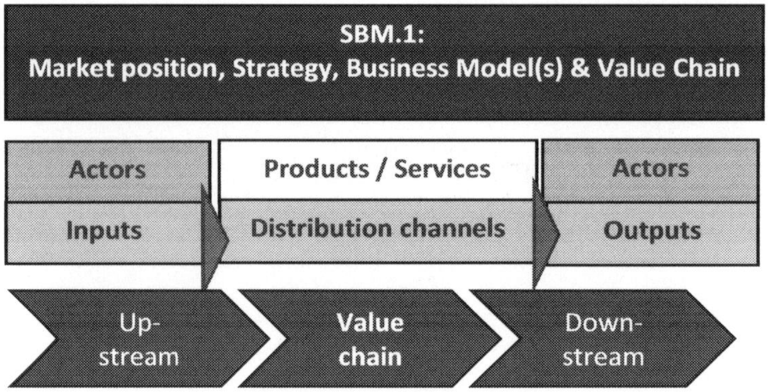

ESRS.2 DR:38/42 AR:12/16

Toetsvragen:

- Welke producten en diensten leveren wij?
- Wie zijn de grootste klanten & leveranciers?
- In welke sectoren zijn zij actief?
- Is er één keten of zijn er meerdere?
- Welke gebeurtenis beschouwen we als de start van de keten en welke als het eind?

2.3 De waardeketen is een verhaal apart

Een belangrijk aspect van de ESRS's is dat organisaties niet alleen moeten kijken naar hun eigen bedrijfsvoering, maar ook naar de waardeketen, waar zij onderdeel van zijn. De actoren in de keten zullen elkaar beïnvloeden. Als klanten duurzaamheid belangrijk vinden, zullen zij kiezen voor duurzame leveranciers. Zo ontstaat een concurrentievoordeel voor organisaties die duurzaam opereren.

De beschrijving van de waardeketen omvat de input, output en de belangrijkste kenmerken van de stroomopwaartse en stroomafwaartse waardeketen, met een beschrijving van de belangrijkste zakelijke actoren, zoals belangrijke leveranciers, klanten, distributiekanalen en eindgebruikers. Een beschrijving van de waardeketen is nieuw voor veel organisaties. Uit verschillende in- en externe bronnen zal daarom informatie verzameld moeten worden over de leveranciers (van onze leveranciers) en de klanten (van onze klanten).

Een vraag die dan opkomt is: hoe ver ga je daarmee? Met behulp van bedrijfsspecifieke voorbeelden kan een goede onderbouwing worden geven voor de reikwijdte van de keten, die wordt gehanteerd. Een dealer van tractoren bijvoorbeeld, zal de boeren die ze kopen, beschouwen als klanten en zien als een onderdeel van zijn keten. Voor het registreren van de broeikasgasemissie in de keten (die in hoofdstuk 3 aan de orde komt), zal hij de uitstoot, die zijn tractoren veroorzaken, zo lang ze actief zijn bij de boer, meenemen. De overige broeikasgasemissies die de boeren veroorzaken, zal hij buiten beschouwing laten. Een financiële instelling die een lening verstrekt om een stal te bouwen, zal de broeikasgasemissie die de bouw van de stal veroorzaakt, waarschijnlijk meenemen.

De aard van de primaire activiteiten kan zo significant verschillen dat er sprake is van meerdere waardeketens, met verschillende actoren en een heel andere dynamiek. Een goed voorbeeld is de NS. Iedereen weet dat de NS reizigers vervoert. Veel mensen snappen dat ze daarvoor treinen aanschaffen, die onderhouden moeten worden. Daarnaast heeft de NS echter ook vastgoed- en retail-activiteiten die wel degelijk materieel zijn. In zo'n geval verdient het aanbeveling om de verschillende waardeketens inzichtelijk te maken.

Non exhaustive list of factors to consider in materiality assessment (ESRS.1 AR:16)

ESRS E1: Climate change
Climate change adaptation
Climate change mitigation
Energy

ESRS S1: Own workforce
Working conditions (e.g. Secure employment / Working time / Adequate wages / Social dialogue / Freedom of association, the existence of works councils and the information, consultation and participation rights of workers / Collective bargaining, including rate of workers covered by collective agreements / Work-life balance / Health and safety)
Equal treatment and opportunities for all (e.g. Gender equality and equal pay for work of equal value / Training and skills development / Employment and inclusion of persons with disabilities / Measures against violence and harassment in the workplace / Diversity)
Other work-related rights (e.g. Child labour / Forced labour / Adequate housing / Privacy)

Examples of climate related hazards & transition events (ESRS.S1 AR:11&12)

ESRS.E1. AR 11	Classification of climate-related hazards (Source: Commission delegated regulation (EU) 2021/2139)			
	Temperature-related	**Wind-related**	**Water-related**	**Solid mass- related**
Chronic	Changing temperature (air, freshwater, marine water)	Changing wind patterns	Changing precipitation patterns and types (rain, hail, snow/ice)	Coastal erosion
	Heat stress		Precipitation or hydrological variability	Soil degradation
	Temperature variability		Ocean acidification	Soil erosion
	Permafrost thawing		Saline intrusion	Solifluction
			Sea level rise	
			Water stress	
Acute	Heat wave	Cyclones, hurricanes,	Drought	Avalanche
	Cold wave/frost	Storms (including blizzards, dust, and sandstorms)	Heavy precipitation (rain, hail, snow/ice)	Landslide
	Wildfire	Tornado	Flood (coastal, fluvial, pluvial, ground water)	Subsidence
			Glacial lake outburst	

ESRS.E1. AR.12	Examples of climate-related transition events (examples based on TCFD classification)			
	Policy and legal	**Technology**	**Market**	**Reputation**
	Increased pricing of GHG emissions	Substitution of existing products and services with lower emissions	Changing customer behaviour	Shifts in consumer preferences
	Enhanced emissions-reporting obligations	Unsuccessful investment in new technologies	Uncertainty in market signals	Stigmatization of sector
	Mandates on and regulation of existing products and services	Costs of transition to lower emissions technology	Increased cost of raw materials	Increased stakeholder concern
	Mandates on and regulation of existing production processes			Negative stakeholder feedback
	Exposure to litigation			

2.4 De indicatieve materialiteitsbeoordeling geeft een indicatie van de scope

De 'echte' dubbele materialiteitsbeoordeling komt in hoofdstuk 6 uitgebreid aan de orde. De indicatieve materialiteitsbeoordeling wordt uitgevoerd door een aantal sleutelfiguren die de organisatie en de bedrijfsvoering goed kennen. Business controllers en risicomanagers hebben vaak de kennis en competenties om een eerste indicatieve inschatting te maken van de materialiteit van de verschillende duurzaamheidskwesties die in ESRS.1: AR 16 staan. Dit is een kwestie van het formuleren van antwoorden op vragen zoals bijvoorbeeld:

- Welke duurzaamheidskwesties kunnen mogelijk materieel zijn in onze keten?
- Waar in de keten?
- Wat zijn omstandigheden die de kans en/of het risico vergroten?
- Wat zijn aannames, inzichten, feiten waarop deze inschatting is gebaseerd?.

Met name voor E.1: klimaatverandering en S.1: arbeidskrachten loont het de moeite een indicatieve materialiteitsbeoordeling uit te voeren. Zo heeft u gelijk een indicatie in hoeverre de inhoud van de hoofdstukken 3: data klimaatverandering en 4: data arbeidskrachten relevant voor u zijn. De voorbeelden van klimaatgerelateerde gevaren en klimaatgerelateerde transitie gebeurtenissen (ESRS.S1 AR: 11 & 12) kunnen daarbij ook inspireren

2.5 Beleggen van eigenaarschap bij sleutelfiguren.

Het is terecht hier goed over na te denken. De invoering van ESG is veelomvattend. Er zijn veel belanghebbenden met een belangrijke rol. *Finance & Control* voelt op zijn klompen aan, dat zij waarschijnlijk verantwoordelijk worden voor de rapportage. Als de kritische ESG data niet goed vastgelegd en ontsloten worden, hebben zij dus een probleem. Zij beseffen dat het belangrijk is dat de verantwoordelijkheden voor de verschillende aspecten van ESG worden onderkend en belegd. Dat geldt ook voor degenen die verantwoordelijk zijn voor het risicomanagement binnen de organisatie. Natuurlijk vervullen zij een belangrijke rol bij het inschatten van de mogelijke impact o.b.v. de dubbele materialiteit en het integreren van ESG als onderdeel van het reguliere risico management. Zij weten echter als geen ander dat realisatie in de operatie gebeurt.

Inkoop is bijvoorbeeld de *linking pin* met de leveranciers. Zij vervullen een belangrijke rol bij het verzamelen van informatie over hoe leveranciers met ESG omgaan in de keten. Bovendien kan inkoop een bijdrage leveren aan ESG door dit mee te nemen in hun beleid bij het selecteren van (nieuwe) leveranciers en in de selectiecriteria bij aanbestedingen.

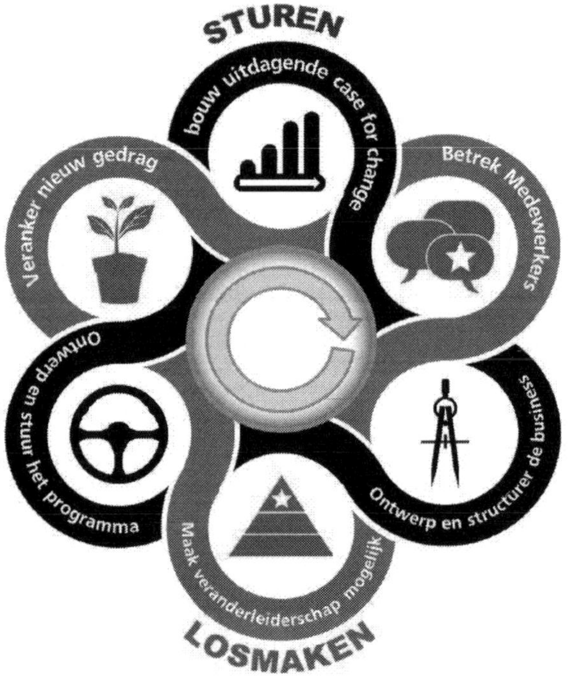
STUREN
bouw uitdagende case for change
Betrek Medewerkers
Ontwerp en structurer de business
Maak veranderleiderschap mogelijk
Ontwerp en stuur het programma
Veranker nieuw gedrag
LOSMAKEN

Verkoop beheert de relatie met de klanten. Als zij ESG belangrijk vinden bij hun selectie van leveranciers, zal verkoop hierop inspelen. Het is logisch dat HRM een belangrijke rol vervult in het kader van *social governance*. Dit omvat niet alleen het formuleren van beleid, doelstellingen en acties. Het gaat ook om het registreren en opleveren van data over arbeidskrachten. Dit betreft data over de eigen werknemers maar ook over ZZP'ers en bij derden ingehuurde medewerkers die arbeid verrichten. Veel van de vereiste data volgens ESRS.S1 over werknemers zijn al beschikbaar. Voor arbeidskrachten die worden ingehuurd is het echter niet vanzelfsprekend dat het aantal of FTE's op dit moment al worden geregistreerd. I.o.m. Inkoop zullen er afspraken met leveranciers worden gemaakt, dat zij deze data aanleveren.

Bij het reduceren van de broeikasgasuitstoot vervullen de primaire activiteiten een cruciale rol. Met het managen en inzetten van bedrijfsmiddelen, machines, panden, transport en dergelijke kan impact worden gemaakt. Dat vereist dat naast het management, de mensen op de werkvloer worden gemobiliseerd. Zij hebben niet alleen een beeld wat de organisatie kan doen, zij zullen het in de praktijk ook moeten gaan doen. Als je de broeikasgasuitstoot in de productie wil reduceren is het dus logisch om productiemedewerkers te betrekken. Het vereist immers een gedragsverandering. Dit is een kwestie van ´sturen en losmaken´. Voorbeelden van activiteiten die in dat kader uitgevoerd kunnen worden zijn:

- Bouwen van een uitdagende case voor change: door duidelijk te maken wat de voordelen van ESG zijn en wat de consequenties zijn, als we er niet aan gaan voldoen;
- Ontwerpen en structuren van de business: door de impact van ESG op de bedrijfsactiviteiten te concretiseren in de vorm van data, beleid, acties, targets en dergelijke
- Ontwerpen en sturen van het programma: door alle sleutelfiguren te mobiliseren en samen te laten werken bij het doorvoeren van de veranderingen;
- Leiderschap mogelijk maken: door het management te helpen bij het invullen van hun rol;
- Betrekken van medewerkers: bij de vertaling van het beleid naar acties, targets en de realisatie;
- Verankeren van nieuw gedrag: door dit transparant te maken, te monitoren en te bespreken.

Het vergt in eerste instantie een inspanning. Ervaring leert echter dat deze ruimschoots terug wordt verdiend, bij het doorvoeren van de veranderingen.

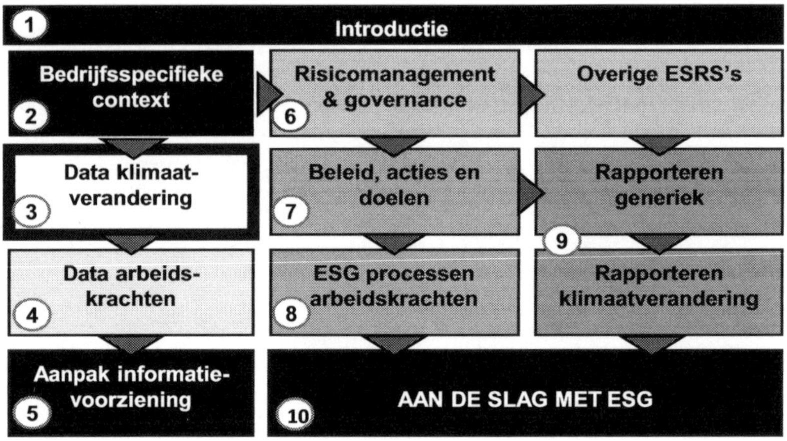

Activiteiten

Valideren *Minimum Disclosure Requirements* (MDR):

1. Meetwaarden (ESRS.2.MDR-M);
2. Doelstellingen (ESRS.2.MDR-T).

Bepalen beschikbare data voor:

3. Energie consumptie, mix en intensiteit (ESRS.E1-5);
4. Broeikasgasuitstoot (ESRS.E1-6);
5. Broeikasgasintensiteit (ESRS.E1-6);
6. Broeikasgasverwijdering, -opslag en inkoop van *carbon credits* (ESRS.E1-7).

Resultaten

- Meeteenheden en doelstellingen die voldoen aan de *Minimum Disclosure Requirements;*
- Duidelijkheid in hoeverre de data voor klimaatverandering (meetwaarden en dimensies) beschikbaar zijn, wat de bron is en hoe ze ontsloten kunnen worden;
- Oplossing om ontbrekende data te registreren en te ontsluiten (w.o. voorzieningen voor registratie broeikasgasuitstoot, de relevantie dimensies voor de uitstoot en de energie consumptie mix);
- Voorstel aanpak voor ontsluiten van de data voor klimaatverandering.

3. DATA KLIMAATVERANDERING

3.1 Voor klimaatverandering is er meestal geen *legacy*

Velen hebben nog geen beeld van de impact van ESG op de informatievoorziening. Typerend is de reactie van een CFO van een internationaal transportbedrijf dat druk bezig is met ESG. Zijn antwoord op de vraag: wat is de stand van zaken m.b.t. ESG? 'Er is een ESG directeur aangesteld. Er zijn al veel projecten gestart om te kijken hoe we onze *carbon footprint* in de operatie kunnen verbeteren. Tevens werd de dienstverlening geëlektriseerd. Klanten vroegen erom en de marges waren hoger. De ESG directeur gaf elke 2 maanden een status update, tijdens het MT. De CFO vond het interessant, maar besteedde er niet veel aandacht aan. Hij was namelijk druk bezig met de transformatie van Finance & Control en het implementeren van een nieuw ERP systeem.....'

Kortom: het loont om een beeld te hebben van de ESG impact op de informatievoorziening. Zo kan tijdig worden gestart met het doorvoeren van verbeteringen. Met name voor klimaatverandering is verdieping in de materie zinvol. Zo zullen de megawatt uren van de energieconsumptie en broeikasuitstoot in het equivalent van tonnen CO2 nu nog niet gemeten worden. Dat lijkt problematisch, maar aan de andere kant kan het ook een voordeel bieden. Er is namelijk geen sprake van *legacy*. Als een nieuw systeem wordt aangeschaft om de broeikasgasemissie te registreren, zal het voorzien in alle voorgeschreven ESRS-dimensies. Dit geldt ook voor de broeikasgasverwijdering en opslag uit eigen operatie, in de waardeketen en de broeikasgasreductie buiten de waardeketen, door inkoop van *carbon credits*. Het is natuurlijk wel zaak kritisch te blijven en vast te stellen dat het nieuwe systeem alle vereiste meetwaarden en dimensies bevat. Bovendien zijn er soms andere, praktische, oplossingen mogelijk. Een aansprekend voorbeeld betreft een bedrijf dat speciale chemicaliën verkoopt en distribueert. Voor de calculatie van de broeikasgasuitstoot, die werd veroorzaakt door het transport, maakten zij gebruik van data die al in hun ERP systeem zaten. Voorbeelden zijn, locaties waar chemicaliën lagen en de bestemming, het gewicht en de transportwijze. M.b.v. van een normering voor broeikasgasuitstoot, werd het equivalent van tonnen CO2 berekend. Met name voor het primaire proces, beschikken organisaties over veel operationele data, die in dit kader gebruikt kunnen worden.

De grootste uitdaging is waarschijnlijk het vullen van het systeem. Belangrijke vragen in dit kader zijn: Wie is daarvoor verantwoordelijk? Hoe maken we dit makkelijk? Hoe zorgen we ervoor dat dit een onderdeel wordt van het dagelijkse werk? Daarnaast wordt gekeken hoe de vastgelegde data worden ontsloten en gerapporteerd. Het is belangrijk het eigenaarschap goed te beleggen en sleutelfiguren tijdig te betrekken.

Metrics (MDR-M)	
Types	**Each metric:**
Defined in topical ESRS	Validated ext.body (which)
Entity specific	Names & descriptions
	Currency Financ.Statements

ESRS.2: 73/77

Targets (MDR-T)	
Objective & requirements:	**For each outcome target**
Measurable	Target level
Time-bound	Scope
Outcome-oriented	Method & assumptions
Result people/environment	Scientific evidence
Progress over time	Period (milestones)
Contribution policy object	Relationship policy object.
Stakeholder involvement	Base value and base year
Adopted NOT- measurable outcome target	
Will be? Timeframe?	Reasons why not?
Track effectiveness P&A?	Process, target, base?

ESRS.2: 78/81 & AR 24/26,

Energy consumption & mix (E1-5) in MWh

ESRS.E1: 35/39 & AR 32/35

3.2 Minimale generieke eisen ten aanzien van meetwaarden en doelen

ESRS.2 (algemene toelichting) bevat generieke minimale vereisten, waaraan alle meetwaarden moeten voldoen. Doel hiervan is het meten van resultaten en effectiviteit van maatregelen mogelijk te maken. Specifieke eisen zijn vastgelegd in specifieke ESRS's, zoals bijvoorbeeld voor klimaatverandering (ESRS.E1-4) en omvatten ook entiteit specifieke meetwaarden. Voor elke meetwaarde moet beschreven worden of deze is gevalideerd door een extern instituut en welke instituut. Meetwaarden moeten gelabeld worden met betekenisvolle, duidelijke en nauwkeurige namen en beschrijvingen. Als valuta de meeteenheid is, moet de valuta uit de jaarrekening gehanteerd worden.

De MDR-T's tonen de minimale vereisten waaraan de doelstellingen moeten voldoen. Ze moeten meetbaar, tijdsgebonden en resultaatgericht zijn. Ze hebben betrekking op resultaten voor mens en milieu. Door ze te relateren aan de realisatie is er een indicatie over de voortgang. Er moet aangegeven worden hoe zij bijdragen aan het beleid. Voor deze doelen wordt beschreven: doelniveau & scope, gehanteerde methodologie & aannames, of ze zijn gebaseerd op wetenschappelijk bewijs, de periode waar ze betrekking op hebben, mijlpalen of tussentijdse doelen, de basiswaarde en het basisjaar om voortgang te meten. Als er geen meetwaarden en/of doelen zijn geformuleerd, wordt dat aangegeven, met vermelding van redenen en tijdspad om ze in te voeren.

Indien er doelen gehanteerd worden die NIET het resultaat weergeven, wordt aangegeven of het de intentie is om deze doelen in de toekomst te formuleren en wanneer dat gaat gebeuren. Zo niet, dan moet de reden aangegeven worden. Tevens zal aangegeven moeten worden of effectiviteit van beleid en acties wordt gemeten, in welk proces, wat de ambitie is, welke indicatoren worden gebruikt en wat de referentie periode is.

3.3 Energieconsumptiemix en energie-intensiteit

Voor het rapporteren over de energie consumptie mix zal waarschijnlijk informatie uit het huidige informatiesysteem gebruikt kunnen worden voor de ingekochte energie. De energieconsumptiemix gaat namelijk over de bron van de gebruikte energie die is ingekocht en opgewekt. In de energieconsumptiemix wordt onderscheid gemaakt tussen:

- De consumptie van fossiele brandstoffen, per categorie: kolen & kolen producten, olie & petroleum, natuurlijk gas en andere fossiele brandstoffen;
- Ingekochte elektriciteit, warmte, stoom en koeling uit niet duurzame bronnen;
- De consumptie van energie uit nucleaire bronnen;
- Energie uit duurzame bronnen die is geconsumeerd, die is ingekocht en die is gegenereerd.

Energy intensity per net revenue	Compa-rative	N	%N / N-1
Total energy consumption from activities in high climate impact sectors per net revenue from activities in high climate impact sectors (MWh/Monetary unit)			

ESRS.E1: 40 & AR 36/38 & https://nacev2.com/nl

ER S1-6 Gross Scopes 1, 2, 3 and Total GHG emissions			
tCO2eq	Scope 1 Direct imp.	Scope 2 Indirect imp	Scope 3 Value chain
GHG categories	CO2	CH4	N2O
HFC's	PCF's	SF6	NF3
Separately disclose (from 1, 2 & 3 emission)	'biogenic emissions of carbon from the combustion / biodegradation of biomass'		
	'carbon uptakes and emissions from direct land use and land use change'		

ESRS.E1: 44/52 & AR 39/51

Op deze wijze wordt inzicht gegeven in hoeverre de bron van de geconsumeerde energie, fossiel, nucleair of duurzaam is. De meeteenheid is MWh (1.000 Kilowatt uur). Voor veel systemen zal dit aanpassingen in het systeem vereisen. Dat geldt waarschijnlijk ook voor het registeren en ontsluiten van de data m.b.t. energie die zelf is opgewekt.

Voor de calculatie van energie intensiteit wordt de totale energie consumptie (in Megawatt uur) gedeeld door de omzet van activiteiten in sectoren met een hoge klimaatimpact. Dit betreft de volgende sectoren: A. Landbouw, bosbouw en visserij, B. Mijnbouw en steengroeven, C. Productie, D. Levering van elektriciteit, gas, stoom en airconditioning, E. Water voorraad; riolering, afvalbeheer en saneringsactiviteiten, F. Bouw, G. Groot-en detailhandel; reparatie van auto's en motorfietsen, H. Transport en opslag en sector L. Vastgoedactiviteiten.

3.4 Broeikasgasuitstoot

Voor de rapportage over de broeikasgasemissie zijn de vele dimensies waarover gerapporteerd moet worden een grote uitdaging. Het begint met het onderscheid tussen de scope 1, 2 en 3 uitstoot:

- Scope 1: is de eigen uitstoot, die de organisatie veroorzaakt heeft met de eigen activiteiten;
- Scope 2: is de uitstoot van ingekochte energie, die veroorzaakt is bij het genereren van de energie die wij hebben ingekocht;
- Scope 3: is de uitstoot in de waardeketen, dit is de uitstoot in de keten waar wij deel van uitmaken, exclusief scope 1 en 2 uitstoot.

Een machine die draait bij de producent van tractoren veroorzaakt CO2 uitstoot. Voor deze producent is dit scope 1 uitstoot. Om deze machine te laten draaien is elektriciteit nodig. De energieleverancier veroorzaakt CO2 uitstoot bij het genereren van deze elektriciteit. Voor de tractorproducent is dit scope 2 uitstoot. De boer die de tractor gebruikt veroorzaakt hiermee CO2 uitstoot. Dit is scope 3 uitstoot voor de tractorproducent.

Er is generieke *calculation guidance* voor het rapporteren over broeikasgasuitstoot zoals;

- Beschrijven van de methode, uitstootfactoren en *calculation tools* die zijn gehanteerd;
- Gebruiken van de meest recente *Global Warming Potential* (GWP) waarden van het IPCC;
- Meenemen uitstoot voor CO2, CH4, N2O, HFCs, PFCs, SF6, en NF3;
- Afzonderlijk toelichten van de uitstoot van stoffen uit biologische bronnen en de verwijdering van broeikasgassen als gevolg van landgebruik en landgebruiksverandering.

ER S1-6 Scope 1: calculation guidance			
Emission source types	Stationary combustion	Mobile combustion	
	Process emissions	Fugitive emissions	
% from ETS	National ETS installations	EU ETS installations	Non EU ETS installations

ESRS.E1: 48 & AR 43/44

ER S1-6 Scope 2: calculation guidance		
Purchased & consumed	Electricity	Steam
	Heat	Cooling
Location based:	Basis: average energy generation emission factors for defined locations	
Market based:	Basis: GHG emissions emitted by generators from which energy purchased	

ESRS.E1: 49 & AR 45

<u>A: Upstream purchasing</u>
1. Purchased goods and services
2. (Optional sub-cat.: Cloud computing & data centre services)
3. Capital goods
4. Fuel and energy-related activities
5. Upstream leased assets
6. Waste generated in operations

<u>B: Downstream sold products</u>
1. Processing of sold products
2. Use of sold products
3. End-of-life treatment of sold products
4. Downstream leased assets
5. Franchises

<u>C: Goods transportation</u>
1. Upstream transportation and distribution
2. Downstream transportation and distribution

<u>D: Travels</u>:
1. Business travels
2. Employee commuting (= woon werk verkeer)

<u>E: Financial investments</u>
1. Financial investments

ESRS.E1: 51 & AR 46

Voor scope 1 (eigen uitstoot) is er specifieke *calculation guidance* zoals:

- Berekenen of meten van de uitstoot per bron: stationaire verbranding, mobiele verbranding, proces uitstoot en vluchtige emissies;
- Gebruiken van activiteit gegevens die het niet-duurzame brandstofverbruik weergeven door middel van geschikte emissiefactoren;
- Weergeven van het deel van de scope 1 uitstoot dat gedekt wordt door regelingen voor emissie gereguleerde handel oftewel ETS'en (*Emission Regulated Trading Scheme's*).

Ook voor scope 2 (uitstoot m.b.t. ingekochte energie) is er *calculation guidance*. Deze omvat:

- Bepalen ingekochte en geconsumeerde elektriciteit, stoom, warmte en koeling;
- Kiezen methode om de broeikasgasuitstoot te berekenen o.b.v. de geconsumeerde energie. Alternatieven zijn: a) gebaseerd op de gemiddelde emissiefactoren energieopwekking voor bepaalde locaties (locatie gebaseerde methode) of b) gebaseerd op de opgegeven uitstoot door de partij waar energie wordt ingekocht (markt gebaseerde methode).

Om te voldoen aan de *calculation guidance* voor scope 3 (uitstoot in de keten), kunnen de volgende stappen doorlopen worden:

- Aan de hand van de waardeketen en bedrijfsspecifieke context aangeven in hoeverre er sprake kan zijn van uitstoot m.b.t.: A: stroomopwaartse inkoop, B: stroomafwaartse verkoop van producten, C: transporteren van goederen, D: reizen of E: financiële investeringen;
- Identificeren welke van de 16 scope 3 categorieën significant zijn in het kader van broeikasgasuitstoot in de keten en onderbouwen waarom de overige categorieën niet significant zijn;
- Berekenen of een inschatting maken van de uitstoot voor de significatie categorieën en beschrijven van de gehanteerde methodiek en rekentools;
- Aangeven welk deel (%) van de berekende scope 3 uitstoot is gebaseerd op primaire gegevens van ketenpartners.

Het berekenen van de scope 3 broeikasgasuitstoot is niet eenvoudig. Conform de overgangsbepalingen is er de eerste 3 jaar gelukkig sprake van een inspanningsverplichting m.b.t. het verzamelen van gegevens over broeikasgasuitstoot in de keten. Als deze niet beschikbaar zijn, kan worden volstaan met een toelichting met redenen, de inspanningen die zijn gedaan en een plan om deze data in de toekomst te gaan verzamelen.

Directe gegevens die ketenpartners kunnen leveren over hun broeikasgasuitstoot kunnen in eerste instantie beperkt zijn. Door het invoeren van CSRD zal dit verbeteren. Het gebruik van directe gegevens lijkt beter dan werken met zelf gecalculeerde gegevens o.b.v. aannames. Echter, ketenpartners werken ook vaak met aannames. Het is dus belangrijk ervoor te zorgen dat zij vergelijkbare aannames en methodieken hanteren.

GHG intensity per net revenue	Compa - rative	N	%N/ N-1
Total GHG emissions (location-based) per net revenue (tCO2eq/Monetary unit)			
Total GHG emissions (market-based) per net revenue (tCO2eq/Monetary unit)			

ESRS.E1: 53/55: & AR 53/55

Removals	Compa - rative	N	%N/ N-1
GHG removal activity 1 (forest restoration) GHG removal activity 2 (direct air capture)			
Tot. GHG removals <u>own</u> operations: tO2eq			
GHG removal activity 1 (forest restoration) GHG removal activity 2 (direct air capture)			
Total GHG removals <u>in the value chain</u> operations (tCO2eq)			
Reversals (tCO2eq)			

ESRS.E1: 59/61: & AR 56/60

Carbon credits cancelled in the reporting year	Compa-rative	N
Total (tCO2eq)		
Share from removal projects (%) Share from reduction projects (%)		
Recognised quality standard 1 (%) *Recognised quality standard 2 (%)* *Recognised quality standard 3 (%)*		
Share from projects within the EU (%) *Share of carbon credits that qualify as corresponding adjustments (%)*		

Carbon credits planned to be cancelled in the future	Amount until [period]
Total (tCO2eq)	

Voor de calculatie van de broeikasgasuitstoot intensiteit wordt de totale broeikasgasuitstoot in tonnen CO2 equivalent, gedeeld door de netto omzet in €. Daarbij wordt onderscheid gemaakt tussen de intensiteit die is berekend d.m.v. de locatie gebaseerde methode en die is berekend o.b.v. de markt gebaseerde methode De aansluiting van het gebruikte bedrag voor de netto omzet met dat in de jaarrekening wordt toegelicht d.m.v. een verwijzing of een tabel.

3.5 Broeikasgasverwijdering, –opslag en broeikasgas-mitigatieprojecten gefinancierd met *carbon credits*

De organisatie kan initiatieven ontwikkelen om broeikasgasverwijdering en broeikasgasopslag te realiseren. Per initiatief wordt gerapporteerd over de :

- Tonnen CO2 equivalent;
- De gehanteerde aannames berekeningen en methodologie die zijn gehanteerd om de resterende broeikasgasuitstoot te neutraliseren;
- De aard van het initiatief: biogeen of verandering van het gebruik van land: voorbeelden hiervan zijn bebossing, herbebossing, bosherstel, stadsaanplant van bomen, agrobosbouw, koolstof opslaan in de bodem;
- De technologische details en standaarden die zijn gebruikt.

De resultaten kunnen gerapporteerd worden in een tabel, met een tussentelling voor alle initiatieven m.b.t. de eigen operatie en een tussentelling m.b.t. de broeikasverwijdering in de waardeketen.

Zodra de initiatieven zijn gedefinieerd, zal een hiervoor een registratie opgezet moeten worden die voldoet aan de ESRS-vereisten. Dit geldt ook voor het resultaat van de boeikasgas-mitigatieprojecten die gefinancierd worden met *carbon credits*. Een *carbon credit* is een converteerbaar en overdraagbaar instrument dat broeikasgasemissies vertegenwoordigt, die zijn verminderd, vermeden of verwijderd door middel van projecten die zijn geverifieerd volgens erkende kwaliteitsnormen Voor boeikasgas-mitigatieprojecten die gefinancierd zijn door *carbon credits* wordt gerapporteerd over de broeikasgasreductie (in tonnen CO2 equivalent) gedurende de rapportage periode, door de inkoop van *carbon credits*. Daarbij wordt expliciet vermeld:

- Het deel daarvan (in %) dat betrekking heeft op verwijderingsprojecten en het deel dat betrekking heeft op broeikasreductie projecten;
- Het aandeel van de verschillende kwaliteitsstandaarden;
- Het aandeel van projecten in de EU;
- Het aandeel dat wordt gebruikt voor handel tussen nationale staten.

Tevens wordt aangegeven wat de geplande verminderingen zijn conform bestaande overeenkomsten.

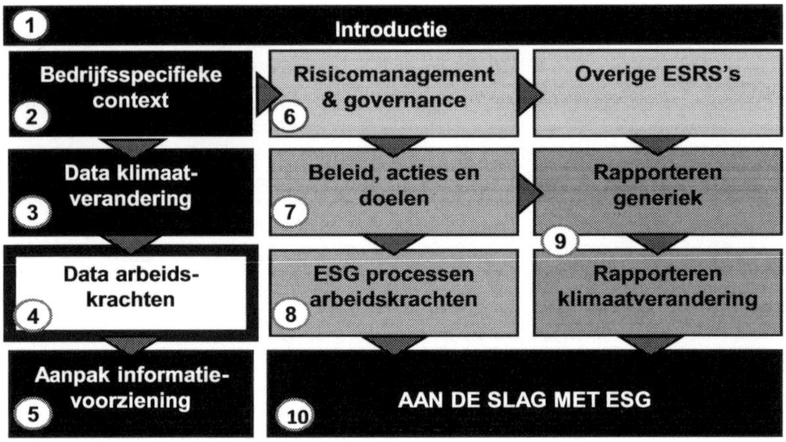

Activiteiten

Vaststellen welke data geregistreerd worden, welke nog niet en hoe we ze gaan ontsluiten:

1. Kenmerken werknemers (ESRS.S1-6) & diversiteit werknemers (ESRS.S1-9);
2. Kenmerken overige arbeidskrachten (ESRS.S1-7);
3. CAO-dekking, sociale dialoog (ESRS.S1-8).

Resultaten

- Meeteenheden en doelstellingen die voldoen aan de *Minimum Disclosure Requirements;*
- Duidelijkheid in hoeverre de data voor arbeidskrachten (meetwaarden en dimensies) beschikbaar zijn, wat de bron is en hoe ze ontsloten kunnen worden;
- Oplossing om ontbrekende data te registreren en te ontsluiten;
- Voorstel aanpak voor ontsluiten van de data voor arbeidskrachten.

4. DATA ARBEIDSKRACHTEN

4.1 Arbeidskrachten

Arbeidskrachten omvatten niet alleen werknemers, maar ook zelfstandigen en medewerkers van organisaties, die zich richten op de inzet van hun medewerkers bij anderen. Tenminste zolang zij een bijdrage leveren aan de reguliere werkzaamheden van de organisatie. Deze omschrijving geeft een indicatie van de uitdagingen waar organisaties mee te maken krijgen.

Het merendeel van de vereiste gegevens m.b.t. werknemers zijn wel beschikbaar. Het vastleggen van de vereiste gegevens omtrent ZZP'ers en bij derden ingehuurde medewerkers, die arbeid verrichten, heeft meer impact. Allereerst zal de afdeling inkoop afspraken moeten maken met leveranciers om ervoor te zorgen dat zij de benodigde data aanleveren. Vervolgens zal er een systeem gekozen worden om deze data vast te leggen en te ontsluiten. Een andere vraag is: in hoeverre leveren deze externen arbeid, of leveren zij een dienst? Als een externe, een medewerker in verband met ziekte vervangt, is er duidelijk sprake van een arbeidskracht. Als een ZZP'er wordt ingehuurd om een ESG opleiding te verzorgen, is er sprake van een dienst die wordt verleend. Op het moment dat er externen worden ingehuurd om reguliere medewerkers te ontlasten, die betrokken worden om bij de invoering van ESG, wordt het al vager. Bovendien moet dit onderscheid gelijk tijdens de opdrachtverstrekking worden bepaald, zodat de gegevens in de juiste categorie worden vastgelegd. Een praktische tip: hanteer de reguliere *accounting* regels die bij het opstellen van de jaarrekening en interne rapportages worden gebruikt. Worden kosten bijvoorbeeld geboekt op een grootboekrekening voor (externe) arbeidskosten en vastgelegd op de kostenplaats waar deze persoon voor werkt. Dan is er blijkbaar sprake van een arbeidskracht. Worden deze geboekt als opleidingskosten, dan is er sprake van een dienst. Tip 2: stel vast hoe vaak het voorkomt. Oftewel doe niet moeilijk als het niet materieel is.

Het onderscheid maken tussen een arbeidskracht of een externe die een dienst verleend, heeft ook impact op de data voor klimaatverandering. De broeikasgasuitstoot die arbeidskrachten veroorzaken zijn een onderdeel van scope 1 (eigen uitstoot). De uitstoot van derden wordt meegenomen in scope 3 (uitstoot in de keten). Dit onderscheid is relevant aangezien de regels voor scope 1 uitstoot stringenter zijn, dan die voor scope 3 uitstoot.

DR S1-6 Characteristics... employees			
MEASURED	**Headcount/FTE**		
DIMENSIONS			
Employees	Gender	Country	Contract
S1-6	Male	A	permanent
	Female	B	tempory
	Not reported	C	non-guaranteed hours
	Other		fulltime
			parttime
Employees	Age		
S1-9	<30 years		
	30-50 years		
	> 50 years		
Employees S1-9	Employ.top.mngt	Gender	
MEASURED	**Turnover**		
DIMENSIONS			
Employees S1-6			

Employee turnover	**Number & Rate**	**Method for the calculation**
Method & assumptions	**Compiling data (end or average period)**	**Defining FTE**
	Contextual information	**Cross-reference financ.statements**

ESRS.S1: 48/52 & AR 53/60

S1-9 Diversity indicators			
Gender distribution	**Top mngt level**	**Level 1 & 2 or own def.**	**Number and %**
Employees age group	**< 30 years**	**30-50 years**	**> 50 years**

ESRS.S1: 64/65 & AR 71

4.2 Gegevens over werknemers

De belangrijkste kenmerken van werknemers, die in aantallen medewerkers of FTE's (en soms ook in percentages) worden weergegeven, zijn:

- Het geslacht, met als opties: mannelijk, vrouwelijk, anders of niet geregistreerd;
- Het land waar zij werkzaam zijn. Dit moet gespecificeerd worden als er meer dan 50 werknemers werkzaam zijn en zij meer dan 10% van het totaal uitmaken;
- Het contracttype, met als opties: vast/tijdelijk/nul-uren & fulltime/parttime;
- Het verloop;
- De geslachtsverdeling voor het management op niveau 1 en 2;
- Het aantal medewerkers per leeftijdscategorie, met als opties: jonger dan 30, tussen 30 en 50 en ouder dan 50 jaar.

De meeste gegevens over werknemers, die verstrekt moeten worden volgens de *disclosure en application requirements*, worden al geregistreerd. Het is een kwestie van ze ontsluiten en rapporteren in de format die wordt gevraagd. Er zullen op lokaal niveau wel goede afspraken gemaakt moeten worden met degene die de salarisadministratie verzorgt of met de HRM softwareleverancier. Als een organisatie actief is in meerdere landen, zijn er meerdere partijen betrokken. Dit vereist duidelijke instructies om ervoor te zorgen dat de informatie consistent is.

Naast de aantallen, wordt in de duurzaamheidsrapportage beschreven wat de gehanteerde methodes en aannames zijn om de data te verzamelen. Voorbeelden zijn:

- Wat is de gehanteerde definitie van een FTE?
- Zijn de aantallen gemiddelden over een periode of zijn het aantallen aan het einde periode?
- Wat is de gehanteerde definitie voor niveau 1 en 2 van het management?

Bij het beantwoorden van deze laatste vraag mag overigens een eigen definitie voor niveau 1 en 2 worden gehanteerd. Deze moet wel toegelicht worden.

Tevens wordt in de duurzaamheidsrapportage, indien van toepassing, een kruisverwijzing naar de jaarrekening gemaakt.

DR S1-7 Characteristics ... non-employee workers		
Contractor		3rd party ... empl. activities
Method & assumptions	Compiling data (end or average period)	Defining FTE
	Contextual information	Estimation if required

ESRS.S1-7: 53/57 & AR 61/65

DR S1-8 Collective bargaining coverage & social dialogue			
MEASURED	**Headcount/FTE**		
DIMENSIONS			
Employees	Employees EEA	country	Collective bargaining (%)
	Employees non EE	country	Collective bargaining (%)
Workforce	EEA	country	Workpl. representation (%)

Descriptions & considerations			
Employees not covered	Working conditions	Social dialogue	Work council

ESRS.S1-8: 58/62 & AR 66/70

4.3 Gegevens overige arbeidskrachten

Zoals al aangegeven, is het handig om bij de opdrachtaanvaarding te registreren of de externe die wordt ingezet een arbeidskracht is of iemand die een dienst verleent. Vaak kan dit onderscheid wel worden gemaakt m.b.v. de *accounting* regels die worden gehanteerd.

Voor de registratie van de inzet van overige arbeidskrachten wordt onderscheid gemaakt tussen zelfstandigen en medewerkers die worden ingezet via organisaties, die zich richten op de inzet van medewerkers bij anderen. Soms biedt de personeelsadministratie functionaliteit om gegevens m.b.t. overige arbeidskrachten vast te leggen met 'salaris nihil'. Als hun werkelijke inzet wordt vastgelegd, bijvoorbeeld in een aanwezigheids- of urenregistratie, kan die worden gebruikt om de inzet volgens de nota's te controleren. Zo is ook gelijk voorzien in de registratie van het aantal overige arbeidskrachten of FTE's.

4.4. Registratie van de dekking van CAO's en de sociale dialoog

Het zal voor veel organisaties nieuw zijn om hierover te rapporteren. Het is dus ook de vraag of hun informatiesysteem hierin voorziet. Het betreft de vastlegging of arbeidskrachten onder een Collectieve Arbeidsovereenkomst (CAO) vallen en of zij vertegenwoordigd worden door een ondernemingsraad of een vergelijkbare instelling. De eerste stap is te bepalen waar dit kan worden vastgelegd. Wellicht kan hiervoor de personeelsadministratie weer worden gebruikt.

Bij het inrichten van de vastlegging zal er rekening mee gehouden moeten worden dat deze aantallen of FTE's per land ontsloten kunnen worden. Voor de CAO dekking gaat het om de eigen werknemers per land en voor de sociale dialoog om het aantal arbeidskrachten per land. Daarmee kan ook de gevraagde splitsing worden gemaakt tussen EEA landen (alle 27 EU landen plus IJsland, Liechtenstein en Noorwegen) en niet EEA landen. In de toelichting moet o.a. beschreven worden voor werknemers zonder CAO, in hoeverre zij vergelijkbare arbeidsvoorwaarden hebben met medewerkers in andere organisaties.

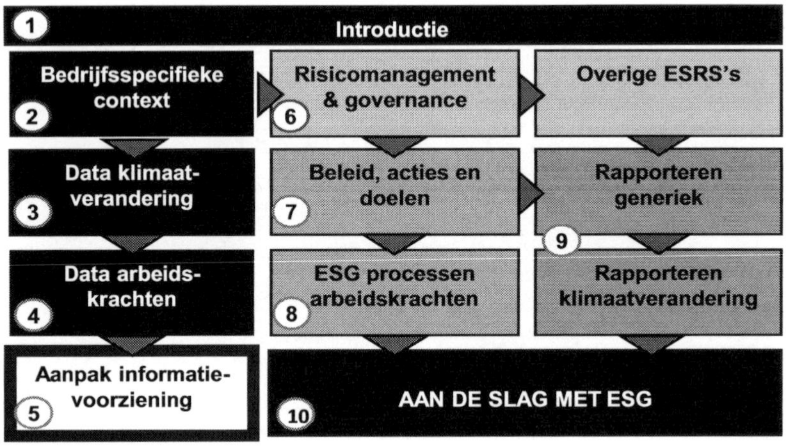

Activiteiten

1. Definiëren informatie- en systeemstructuur;
2. Opstellen overzicht met voorstellen m.b.t. data klimaatverandering & arbeidskrachten: beschikbare data & bronnen / ontbrekende meetwaarden en voorstel voor registratie / benodigde dimensies en voorstel voor ontsluiting;
3. Prioriteren, plannen en realiseren verbeteringen informatievoorziening d.m.v. pilots.

Resultaten

- Duidelijk beeld welke veranderingen in de informatievoorziening (registratie & ontsluiting, meetwaarde & dimensies) moeten worden doorgevoerd in het kader van CSRD;
- Prioritering o.b.v. impact, urgentie en toegevoegde waarde;
- Planning doorvoeren verbeteringen informatievoorziening rekening houdend met lopende initiatieven, beschikbare resources en urgentie;
- CSRD wordt ondersteund door de reguliere informatievoorziening.

5. AANPAK INFORMATIEVOORZIENING

5.1 ESG-rapportages vaak nog handwerk

‘Slechts 8 van de 23 ondervraagde Nederlandse bedrijven maken gebruik van technologie om ESG-rapportages in de bedrijfsvoering op te nemen.’ Dat blijkt uit onderzoek van Diligent, waarover de redactie van CFO.nl op 7 februari 2023 een stuk heeft gepubliceerd.

‘Op de vraag hoe ze ervoor zorgen dat ESG-gegevens net zo nauwkeurig zijn als hun financiële gegevens, antwoordden slechts 8 van de 23 ondervraagde Nederlandse bedrijven dat ze technologie gebruiken die gegevensverzameling stroomlijnt en verifieerbare rapportages mogelijk maakt. De overige bedrijven vertrouwen op een commissie of manager zonder dergelijke technologie te gebruiken. Een enkeling geeft zelfs aan helemaal geen middelen te hebben om de kwaliteit van de gegevens enigszins te waarborgen.’

Bij de interpretatie van het bovenstaande mag niet vergeten worden dat het gaat om de voorlopers. Vraag die dan opkomt is: in hoeverre waren zij verplicht ESG-gegevens te rapporteren en in hoeverre doen zij dat vrijwillig. In dat kader zijn de ervaringen van IMCD heel interessant. Hun ESG reis begon met het boekjaar 2018, waarover zij in 2019 hebben gerapporteerd. In eerste instantie stonden regelgeving en verwachtingen in de markt centraal. Inmiddels is duurzaamheid een belangrijke drijfveer van het bedrijf. Het verzamelen en delen van actuele en accurate data wordt gezien als een voorwaarde voor het behalen van de duurzaamheidsdoelstellingen. ESG is ingebed in de *planing & control* cyclus. In eerste instantie waren ESG inspanningen decentraal gedreven en daarmee gefragmenteerd, per land, bedrijf, business line en afdelingen. Tegenwoordig is de *governance* veel strakker. Er is een *taskforce* met vertegenwoordigers van onder andere *Supply chain, HSE, Quality control, Corporate control* en *HRM*. In teams werken zij aan de 13 *key areas for sustainability*. De resultaten worden elk kwartaal gerapporteerd als onderdeel van de management informatie, in plaats van één keer per jaar. De ambitie is om dezelfde manier van werken voor financiële en niet-financiële data te gaan hanteren.

In de voorgaande hoofdstukken heeft u kunnen lezen welke data in het kader van klimaatverandering en arbeidskrachten vastgelegd en ontsloten moeten worden om te voldoen aan de ESRS vereisten. Op basis van de kennis van uw huidige informatievoorziening, heeft u wellicht een beeld van verbeteringen die u door kan voeren. In dit hoofdstuk wordt gekeken hoe dit op een samenhangende manier kan gebeuren.

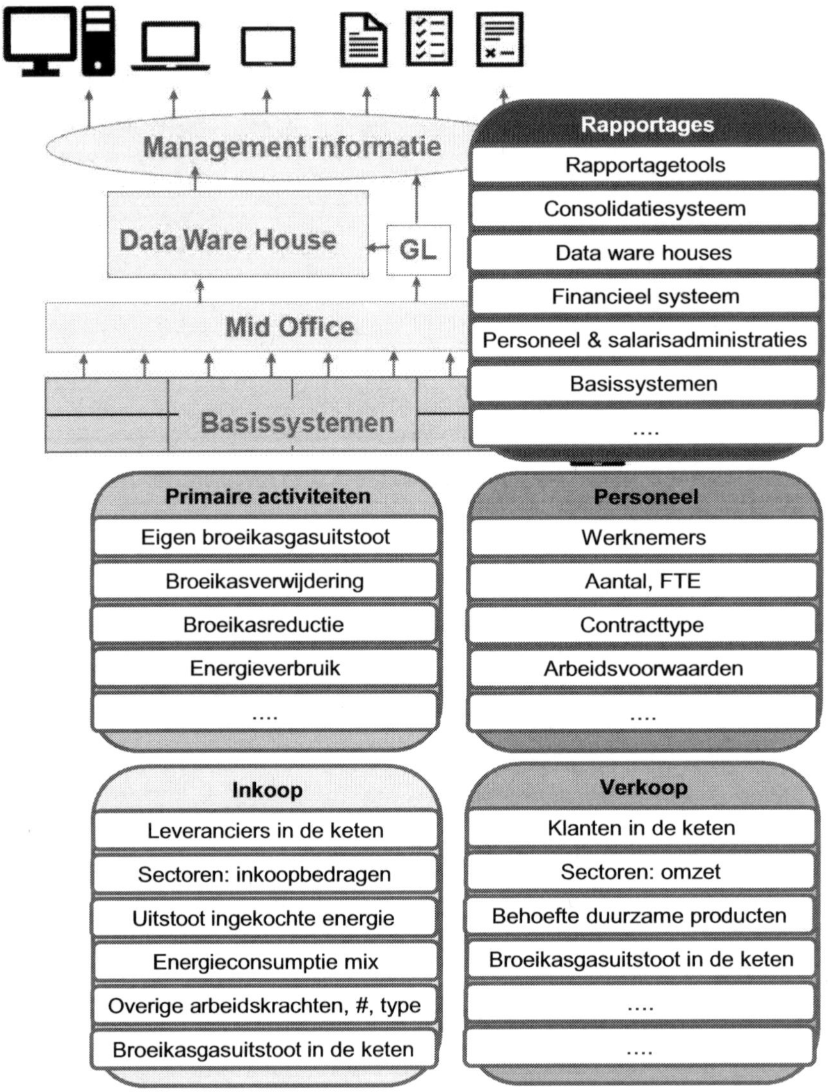
Management informatie
Data Ware House
GL
Mid Office
Basissystemen
Rapportages
Rapportagetools
Consolidatiesysteem
Data ware houses
Financieel systeem
Personeel & salarisadministraties
Basissystemen
....
Primaire activiteiten
Eigen broeikasgasuitstoot
Broeikasverwijdering
Broeikasreductie
Energieverbruik
....
Personeel
Werknemers
Aantal, FTE
Contracttype
Arbeidsvoorwaarden
....
Inkoop
Leveranciers in de keten
Sectoren: inkoopbedragen
Uitstoot ingekochte energie
Energieconsumptie mix
Overige arbeidskrachten, #, type
Broeikasgasuitstoot in de keten
Verkoop
Klanten in de keten
Sectoren: omzet
Behoefte duurzame producten
Broeikasgasuitstoot in de keten
....
....

5.2 Informatiestructuur

De informatiestructuur toont aan waar gegevens zijn opgeslagen en hoe de benodigde informatie kan worden verkregen. De informatiestructuur vertoont overeenkomsten met de bedrijfsactiviteiten van een organisatie. Dat is logisch. Tijdens de uitvoering van bedrijfsactiviteiten worden de gegevens niet alleen vastgelegd en opgeslagen. Ze worden ook geraadpleegd om het werk goed uit te kunnen voeren. Het is dus wat anders dan een systeemplaat. Daarbij gaat het om de techniek. Een systeemplaat biedt een overzicht van de systemen en hun interfaces die worden gebruikt voor de informatievoorziening.

Ter inspiratie staat hieronder een voorbeeld van onderdelen van de informatiestructuur en kritische ESG data om te kunnen voldoen aan de ESRS vereisten en veranderingen door te kunnen voeren in de (be)sturing:

- Inkoop: leveranciers, contracten, voorwaarden, aard en details m.b.t. inkopen van energie en arbeidskrachten, broeikasgasuitstoot in de keten (stroomopwaarts);
- Primaire activiteiten: broeikasgas uitstoot, -verwijdering, -reductie, energieverbruik;
- Verkoop: klanten, sectoren, omzet, hun behoeften, broeikasgasuitstoot in de keten (stroomafwaarts);
- Personeel: personeelsgegevens, leeftijd, geslacht, type contract, arbeidsvoorwaarden;
- Rapportages: voor het ontsluiten van de gegevens uit verschillende bronnen en te voldoen aan de ESRS vereisten.

Door het beantwoorden van de volgende toetsvragen kunt u de informatiestructuur bedrijfsspecifiek maken:

- Wat zijn de belangrijkste primaire en ondersteunende activiteiten in uw organisatie
- Wat zijn de componenten van uw informatiestructuur?
- Door welke systeem wordt elke component van de informatiestructuur ondersteund?
- Wat zijn de kritische ESG data?
- Welke meetwaarden en dimensies zijn er nodig om te voldoen aan de ESRS eisen?
- In hoeverre worden de kritische ESG data al vastgelegd en kunnen wij ze ontsluiten?
- Welke veranderingen moeten we doorvoeren in de informatievoorziening om te voldoen aan alle ESRS vereisten?

MEASURED VALUE: GHG emission (tonnes of CO2 eq.)			
DIMENSIONS Scope 1,2 & 3			
Decarbonosation lever: (ESRS.E1: 34.f & AR 30)			
1.Energy efficiency and consumption reduction			
2.Material efficiency and consumption reduction			
3.Fuel switching			
4.Electrification			
5.Use of renewable energy			
6.Phase out or substitution of product change			
7.Phase out or substitution of process change			
Other			

MEASURED VALUE: GHG emission (tonnes of CO2 eq.)			
Seperately from Scope 1, 2 & 3 (ESRS.E1: AR 43)			
biogenic emissions of carbon from the combustion / biodegradation of biomass’			
carbon uptakes and emissions (CO2, CO, CH4) from direct land use and land use change			

MEASURED VALUE: GHG emission (tonnes of CO2 eq.)			
DIMENSIONS Scope 1			
Source type (ESRS.E1: AR 41 & 43):			
stationary combustion			
mobile combustion			
process emissions			
fugitive emissions			
Emission Regulated Trading Scheme’s (ESRS.E1: AR.44):			
National			
EU			
Non EU			

MEASURED VALUE: GHG emission (tonnes of CO2 eq.)			
DIMENSIONS Scope 2			
Purchased, acquired & consumed (ESRS.E1: AR.44)			
electricity			
steam			
heat			
cooling			
Method (AR.44)			
Location based			
Market based			

5.3 Informatievoorziening klimaatverandering

De belangrijkste meetwaarden in het kader van klimaatverandering zijn tonnen CO2 equivalent voor de broeikasgasuitstoot en megawatt uur voor de energieconsumptie. Dat is op zich overzichtelijk. Een belangrijke uitdaging is het omrekenen van brondata in de meetwaarden. Naast de start en stopplaats van een lading wordt bijvoorbeeld met behulp van het gewicht, het type vervoer en de emissiefactor een calculatie gemaakt van de broeikasgasuitstoot die wordt veroorzaakt door het transport.

De brondata verschillen per bedrijfsactiviteit. Bovendien zal de sector waar het bedrijf actief is bepalen welke activiteiten de meeste broeikasgasuitstoot veroorzaken.

Op basis van bedrijfskennis kan al snel een indicatie gegeven worden om welke bedrijfsactiviteiten het gaat. Bij een productiebedrijf dat een machinepark heeft dat 24/7 draait, zal gekeken worden naar de uitstoot die de machines veroorzaken voor scope 1 broeikasgasuitstoot. Tevens wordt bepaald hoeveel energie daarvoor nodig is voor de calculatie van scope 2. Daarnaast wordt gekeken naar uitstoot die de producten veroorzaken gedurende de jaren dat ze operationeel zijn, zoals bijvoorbeeld de eerder genoemde tractoren. Dit is namelijk een onderdeel van de scope 3 uitstoot.

Voor een bedrijf dat medewerkers inzet bij klanten zal de broeikasgasuitstoot o.a. betrekking hebben op voorzieningen in hun eigen pand, zoals verwarming, airconditioning e.d.. Daarnaast zal het vervoer van hun medewerkers en IT voorzieningen, zoals computers, data centers e.d. tot broeikasgasuitstoot leiden. De belangrijkste tip in dit kader is: identificeer op basis van bedrijfskennis de mogelijke bronnen van broeikasgasuitstoot en probeer vervolgens op basis van aannames en beschikbare emissiefactoren een indicatie te krijgen van de omvang. Deze goede mix van *facts & feelings* zorgt voor focus op de belangrijkste activiteiten, de belangrijkste bronnen van uitstoot en de beschikbare operationele data om de uitstoot te kunnen berekenen.

Een andere uitdaging in het kader van de data voor klimaatverandering is het grote aantal dimensies van waaruit naar meetwaarden wordt gekeken en waarover gerapporteerd moet worden. Het begint met het onderscheid van scope 1, 2 en 3 voor broeikasgasuitstoot, wat logisch is. Binnen deze scope zal gekeken worden wat de *decarbonisation lever* is voor de reductie van de uitstoot. Binnen scope 1 wordt gekeken naar de bron en voor de ETS's wordt onderscheid gemaakt tussen nationaal, EU en daarbuiten. Voor scope 2 wordt een verdeling tussen de verschillende soorten geconsumeerde energie gevraagd, waarbij ook gekeken wordt of dit volgens de locatie-methode of markt-methode is gecalculeerd.

MEASURED VALUE: GHG emission (tonnes of CO2 eq.)			
DIMENSIONS Scope 3: Categories & sub categories			
Upstream purchasing			
1.Purchased goods and services			
2.(Optional: Cloud computing and data centre services)			
3.Capital goods			
4.Fuel and energy-related activities			
5.Upstream leased assets			
6.Waste generated in operations			
Downstream sold products			
1.Processing of sold products			
2.Use of sold products			
3.End-of-life treatment of sold products			
4.Downstream leased assets			
5.Franchises			
Goods transportation			
1.Upstream transportation and distrib.			
2.Downstream transportation and distrib.			
Travels:			
1.Business travels			
2.Employee commuting			
Financial investments			
1. Financial investments			

MEASURED VALUE: Energieconsumption in MWh
DIMENSIONS (AR 34): Source (fuel) consumption
(1) FC from coal and coal products
(2) FC from crude oil and petroleum products
(3) FC from natural gas
(4) FC from other fossil sources
(5) C of purchased electr., heat, steam and cooling from fossil resource
(6) Total fossil energy consumption (MWh)
(7) C from nuclear products
(8) FC from renewable sources
(9) C. of purchased electr., heat, steam, and cooling from ren.source
(10) C. of self-generated non-fuel renewable energy
(11) Total renewable energy consumption (MWh)
Total energy consumption (MWh)

Scope 3 spant echter de kroon. Daarvoor worden 16 categorieën onderkend (ESRS.E1: AR 46). Aan de ene kant lijkt dit een belasting, aan de andere kant kan het ook als hulpmiddel worden gehanteerd. Per categorie kan worden bepaald in hoeverre deze relevant is en hoe de benodigde data verkregen kunnen worden om de broeikasgasuitstoot te calculeren.

Voor het berekenen van de energieconsumptie wordt onderscheid gemaakt tussen de verschillende soorten fossiele energie en nucleaire energie die geconsumeerd is (ESRS.E1: AR 34). Tevens wordt bepaald wat de geconsumeerde energie uit duurzame bronnen is en in hoeverre dat zelf is opgewekt. Het rapporteren over 9 verschillende bronnen lijkt misschien veel. Aan de andere kant zullen de data toch per bron verzameld worden en zal de omrekening naar megawatt uur ook per bron gebeuren, omdat de omrekenfactor zal verschillen.

De volgende toetsvragen kunnen daarbij helpen:
- Met welke types van energieconsumptie hebben wij te maken?
- Verstrekken de leveranciers zodanige (consistente) informatie over geleverde hoeveelheden dat wij dit kunnen optellen en omrekenen in megawatt uur?
- Waar kan de energieconsumptie in megawatt uur worden vastgelegd, in welk systeem, hoe & door welke functionaris?

5.4 Informatievoorziening arbeidskrachten

Veel van de data voor werknemers zijn al beschikbaar. Voor de data m.b.t. overige arbeidskrachten is het vaak een kwestie van afspraken maken met onze leveranciers zodat ze deze data gaan verstrekken. Bovendien zullen de softwareleveranciers ook niet stilzitten. Zij zullen waarschijnlijk hun software zo aanpassen dat deze *CSRD-proof* is.

Door het beantwoorden van de toetsvragen m.b.t. data arbeidskrachten heeft u snel een beeld wat er nog moet gebeuren:
- Worden de volgende kenmerken m.b.t. werknemers al geregistreerd: aantal werknemers of FTE / geslacht / land / type contract / leeftijd categorie / verloop?
- In welke bronnen zitten deze data?
- Hoe kunnen wij ervoor zorgen dat de COA-dekking voor werknemers en de OR-dekking voor arbeidskrachten wordt vastgelegd?
- Hoe kunnen data die nu nog niet geregistreerd worden, vastgelegd worden?
- Zorgt de softwareleverancier voor tijdige aanpassingen in het systeem?
- In hoeverre zullen processen aangepast moeten worden om deze data te registreren?
- Welke medewerkers zijn verantwoordelijk voor de kwaliteit van deze data?

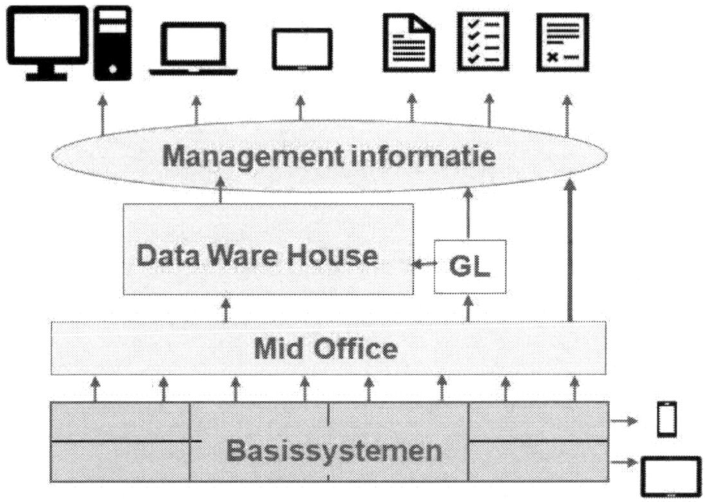
Management informatie
Data Ware House
GL
Mid Office
Basissystemen

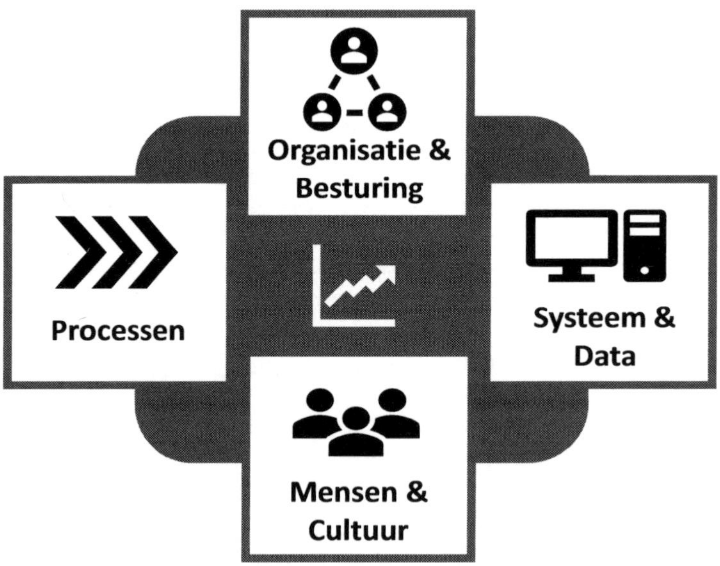
Organisatie &
Besturing
Processen
Systeem &
Data
Mensen &
Cultuur

5.5 Ontsluiten van data

Registreren van data is de basis. Als dat gebeurt, is de volgende vraag: hoe kunnen we ze zo eenvoudig mogelijk ontsluiten? De volgende toetsvragen kunnen helpen bij de beeldvorming:

- Welke systemen, software en interfaces hebben wij beschikbaar om de data (meetwaarden en dimensies) te ontsluiten op verschillende niveaus van de informatievoorziening:
    - Basisregistratie;
    - Tussenconsolidaties per locatie, land, regio;
    - Consolidatie op hoogste niveau.
- Welke aanpassingen in het systeem zijn nodig om de vereiste data te ontsluiten?
- Welke aanpassingen in de huidige processen zijn nodig om dit te kunnen realiseren?
- Welke medewerkers zijn betrokken bij het ontsluiten van de data en wat hebben zij nodig om hun werk goed te kunnen doen?
- Wie is verantwoordelijk voor de kwaliteit van de data op de verschillende niveaus?
- Hoe is de aansturing op het verzamelen van de data en opstellen van de rapportages?

5.6 ESG bouwstenen voor de informatievoorziening

Laat u niet ontmoedigen door het grote aantal alternatieven die theoretisch mogelijk zijn. In de praktijk zijn ze niet allemaal van toepassing en bovendien zal de focus liggen op zaken die materieel zijn. Het is een kwestie van het hele speelveld inzichtelijk maken en dan afpellen. Aan de hand van hele concrete voorbeelden komt u al snel tot praktische oplossingen. Dit zijn de zogenaamde 'ESG bouwstenen' voor het doorvoeren van de veranderingen. Door het beantwoorden van de toetsvragen wordt de aanpak geconcretiseerd:

- Wat zijn de ESG bouwstenen?
- Wat zijn de afhankelijkheden?
- Wat zijn de lopende initiatieven op het gebied van besturing en informatievoorziening en in hoeverre kan ESG daarin worden meegenomen?
- Wat kan in 2023 nog gerealiseerd worden (en kunnen we in 2024 mee proefdraaien)?
- Wat is er nodig om het ESG beleid, de acties en doelen in 2024 te formaliseren, zodat we er in 2025 mee aan de slag kunnen?
- Wat moet in 2024 gerealiseerd zijn om m.i.v. 2025 de vereiste data te kunnen registreren?
- Wat kunnen wij later doen om de vereiste rapportages in 2026 op te kunnen leveren?

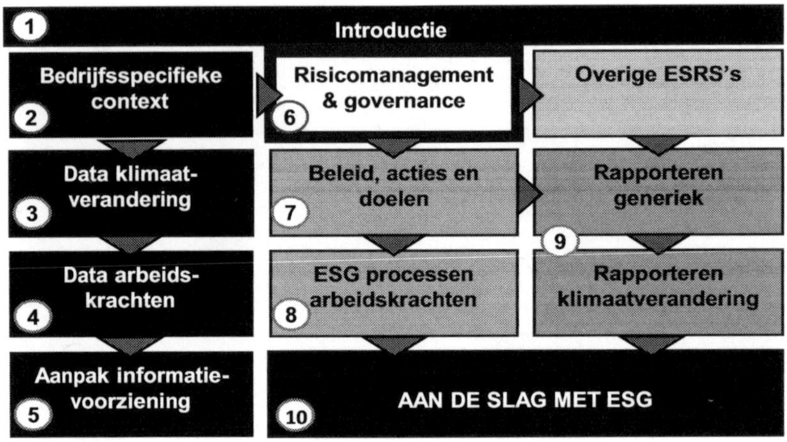

Activiteiten

1. Relateren huidige *governance* aan DR's (ESRS.2:GOV-1/4);
2. Vastleggen proces om materiële impact te bepalen (ESRS.2:IRO-1);
3. Identificeren en beoordelen van de (mogelijke) materiële impact (ESRS.1: hoofdstuk 3 & SBM-3);
4. Beschrijven van de impact op de strategie en bedrijfsmodel (ESRS.2:SBM-3);
5. Integreren ESG in risicomanagement en de *planning & control* cyclus (ESRS.2:GOV-5).

Resultaten

- Overzicht aanpassingen in de *governance* i.v.m. duurzaamheidskwesties en duurzaamheid *due dilegence*;
- Actieplan om aanpassingen in de *governance* door te voeren en duurzaamheid mee te nemen in de reguliere *planning & control* cyclus en op de werkvloer;
- Duurzaamheidsaspecten onderdeel van het proces om materiële impact te bepalen;
- Duidelijk in hoeverre de niet verplichte ESRS's van toepassing zijn gezien de (mogelijke) materiële impact;
- ESG is een onderdeel van de reguliere P&C cyclus.

6. RISICOMANAGEMENT & GOVERNANCE

6.1 Indicatieve materialiteitsbeoordeling

Kenmerkend voor de ESG aanpak is dat eerst een duidelijk beeld van de bedrijfsspecifieke context wordt gecreëerd. Naast een gedeeld beeld over de waardeketen wordt er een indicatieve materialiteitsbeoordeling uitgevoerd door medewerkers die de organisatie goed kennen. Hierdoor wordt het mogelijke om te focussen op wat voor onze organisatie relevant is. Op basis van dit gezamenlijk referentiekader kan parallel gewerkt worden aan: data & informatievoorziening, risicomanagement & governance, beleid, acties & doelen en het rapporteren. Dit is onderscheidend t.o.v. veel andere aanpakken. Vaak wordt gestart met de complete materialiteitsbeoordeling, waarna pas naar andere onderdelen wordt gekeken. En als het een beetje tegen zit gebeurt dit nog sequentieel ook. Wat dit betekent voor de doorlooptijd laat zich raden.

Een ander kenmerk van de ESG aanpak is dat er zoveel mogelijk gebruik gemaakt wordt van wat er al geregeld is op het gebied van risicomanagement. Zo wordt niet alleen voorkomen dat het wiel opnieuw wordt uitgevonden. Het geeft ook duidelijkheid welke veranderingen doorgevoerd moeten worden in de het risicomanagement en *governance* om te voldoen aan de ESRS-vereisten.

6.2 Generieke vereisten m.b.t. *governance*

De *disclosure requirements* GOV-1 tot en met -4 van ESRS.2 tonen wat aan de orde moet komen in de beschrijving van de *governance*. Het omvat o.a.:

- De rol van de bestuurs-, management- en toezichthoudende organen w.o. de samenstelling , hun rollen & verantwoordelijkheden en hoe zij toegang hebben tot expertise op het gebied van duurzaamheid en hun eigen competenties op dit gebied (GOV-1: ESRS.2: 19/23)
- De duurzaamheidskwesties die zij behandelen en de informatie die zij daarover ontvangen (GOV-2: ESRS.2: 24/26)
- Hoe duurzaamheidskwesties zijn meegenomen in de beloningsregelingen (GOV-3: ESRS.2: 27/29)
- Hoe de duurzaamheid *due diligence* onderdeel is van de besturing, belanghebbenden betrokken worden, negatieve effecten geïdentificeerd en beoordeeld worden, corrigerende acties geïnitieerd worden, de effectiviteit van de acties vastgesteld wordt en daarover wordt gecommuniceerd. (GOV-4: ESRS. 2: 30/33 & AR:8/10).

De vragen die dan opkomen zijn:

- In hoeverre voorziet onze huidige *governance* hier al in en is het een kwestie van beschrijven?
- Welke aanpassingen willen wij de komende tijd nog doorvoeren, zoals bijvoorbeeld het meenemen van duurzaamheid in de beloning en het betrekken van belanghebbenden?

Proces: Identificeren, inschatten & prioriteren (potentiële) impact op mens & klimaat (IRO-1)

Process:	Method & assumptions:
Focus high risk areas	Financial effects
Review impacts	Risk assessm. tools
Consult stakeh. & experts	Thresholds
Prioritize: severe/likely	Input parameters

Other:
Org. & process decision-making & int. control procedures
Risks & opportunities integrated in (risk) management.
Process has changed (for the last time) & future revisions

ESRS.2: 51/53

ESRS.1: AR.9

6.3 Procesbeschrijving identificeren, inschatten en prioriteren van de impact

Vereisten voor de beschrijving van dit proces zijn vastgelegd in IRO-1 (ESRS.2). De afkorting IRO staat voor: *Identy, Risks & Opportunities*. Aspecten die daarbij beschreven moeten worden zijn:

- Focus op risicogebieden met een hoog risico;
- Beoordelen van de impacts;
- Consulteren belanghebbenden en externe experts;
- Prioriteren van impacts o.b.v. ernst & waarschijnlijkheid;
- Beschrijving methodologie en aannames inclusief: financiële effecten, gebruikte *risk assessment tools*, drempels & toleranties en de input parameters w.o. databronnen.

Overige aspecten die beschreven moeten worden zijn:

- Organisatie en proces van besluitvorming en gerelateerde interne controle procedures;
- In hoeverre impact op mens en milieu een onderdeel is van het reguliere (risico) management;
- Veranderingen in het proces (in verleden of toekomst).

De ESRS's voor milieu (E1:klimaatverandering, E2:vervuiling, E3:water & mariene hulpbronnen, E4:biodiversiteit & ecosystemen en E5:materiaalgebruik & circulaire economie) en voor Governance (G1:zakelijk gedrag) bevatten specifieke richtlijnen in het kader van IRO-1 om ze toe te spitsen op specifieke risico's. Als er materiële duurzaamheids-kwesties zijn die op deze ESRS's betrekking hebben zal de beschrijving hierin moeten voorzien. E1 bevat bijvoorbeeld een classificatie voor klimaat gerelateerde gevaren en voorbeelden van klimaat gerelateerde transitiegebeurtenissen (ESRS.E1: AR 11 & 12). Deze overzichten helpen bij de beeldvorming van de mogelijke risico's en kansen.

6.4 Dubbele materialiteitsbeoordeling

In het huidige risicomanagement raamwerk wordt waarschijnlijk vastgesteld wat de (mogelijke) impact is van ontwikkelingen en (mogelijke) gebeurtenissen op de organisatie (outside/in). In het kader van ESG wordt een dubbele materialiteitsbeoordeling uitgevoerd. Daarbij wordt ook gekeken wat de impact is van onze organisatie op mens en milieu (inside/out). Een ander verschil met traditioneel risicomanagement is dat niet alleen gekeken wordt naar impact van onze organisatie maar ook naar die van partners in de keten. De stappen die worden gezet zijn:

1. Begrijpen van de context: standaarden kunnen daarbij als referentiekader gebruikt worden om de context van de impact te begrijpen. (Uit hoofdstuk 2 blijkt hoe de context vastgelegd kan worden.)
2. Identificeren actuele en mogelijke impact: onderwerpen en impacts die zijn beschreven in de standaarden kunnen gebruikt worden om expertmatig een indicatieve inschatting te maken.

ESRS.1: AR:16 Non-exhaustive list of factors to consider in Materiality Assessment

ESRS E1: Climate change
Climate change adaptation
Climate change mitigation
Energy
ESRS E2: Pollution
Pollution of air
Pollution of water
Pollution of soil
Pollution of living organisms and food resources
Substances of concern
Sustances of very high concern
Micropastics
ESRS E3: Water and marine resources
Water consumption
Water withdrawals
Water discharges
Water discharges in the oceans
Extraction and use of marine resources
ESRS E4: Biodiversity and ecosystems
Direct impact drivers of biodiversity loss (e.g. Climate Change / Land-use change, fresh water -uses change and sea-use change / Direct exploitation/ Invasive alien species / Pollution / Others)
Impacts on the state of species (e.g. Species population size / Species global extinction risk)
Impacts on the extent and condition of ecosystems (Examples: Land degradation / Desertification / Soil sealing)
Impacts and dependencies on ecosystem services
ESRS E5: Circular economy
Resources inflows, including resource use **Resource outflows related to products and services** **Waste**
ESRS G1: Business conduct
Corporate culture, Protection of whistle-blowers, Animal welfare, Political engagement and lobbying activities, Management of relationships with suppliers
Corruption and bribery (e.g. Prevention and detection including training / Incidents)

ESRS.1: AR:16 Non-exhaustive list of factors to consider in Materiality Assessment

ESRS S1: Own workforce
Working conditions (e.g. Secure employment / Working time / Adequate wages / Social dialogue / Freedom of association, the existence of works councils and the information, consultation and participation rights of workers / Collective bargaining, including rate of workers covered by collective agreements / Work-
Equal treatment and opportunities for all (e.g. Gender equality and equal pay for work of equal value / Training and skills development / Employment and inclusion of persons with disabilities / Measures against violence and
Other work-related rights (e.g. Child labour / Forced labour / Adequate housing / Privacy)
ESRS S2: Workers in the value chain
Working conditions (e.g Secure employment / Working time / Adequate wages / Social dialogue / Freedom of association, including the existence of work councils / Collective bargaining / Work-life balance / Health and safety)
Equal treatment and opportunities for all (e.g. Gender equality and equal pay for work of equal value / Training and skills development / Employment and inclusion of persons with disabilities / Measures against violence and
Other work-related rights (e.g. Child labour / Forced labour / Adequate housing / Privacy)
ESRS S3: Affected communities
Communities' economic, social and cultural rights (e.g. Adequate housing / Adequate food / Water and sanitation / Land-related impacts / Security-related
Communities' civil and political rights (e.g. Freedom of expression / Freedom of assembly / Impacts on human rights defenders)
Rights of indigenous communities (e.g. Free, prior and informed consent / Freedom of assembly / Impacts on human right defenders)
ESRS S4: Consumers and end-users
Information-related impacts for consumers and/or end-users (e.g Privacy / Freedom of expression / Access to (quality) information)
Personal safety of consumers and/or end-users (e.g. Health and safety / Security of a person / Protection of children)
Social inclusion of consumers and/or end-users (e.g. Non-discrimination / Access to products and services / Responsible marketing practices)

ESRS.S1: Own workforce Appendix A.1
Non-exhaustive list of factors to consider in Materiality Assessment

ESRS.S.1: Own Workforce	
Social and human rights matters:	**Non-exhaustive list of factors to consider in Materiality Assessment:**
Secure employment	% of employees with temporary contracts, ratio of non-employee workers to employees, social protection
Working time	% of employees with part time or zero-hour contracts, employee satisfaction with working time
Adequate wages	EU, national or local legal definitions of adequate wages, fair wages, and minimum wages
Social dialogue / existence of work councils / information, consultation and participation rights of workers	Extent of workplace, cross-border and board-level representation through trade unions and/or works councils
Freedom of association/Collective bargaining including the rate of workers covered by collective agreements	% of own workforce covered by collective bargaining agreements, work stoppages
Work-life balance	Family-related leave, flexible working hours, access to childcare
Health and safety	Coverage by H&S system, rate of fatalities, non-fatal accidents, work-related ill health, work days lost
Gender equality and equal pay for work of equal value	% of women in top management and workforce, male-female wage gap
Training and skills development	Amount and distribution of training, % of employees with regular performance and development reviews
The employment and inclusion of people with disabilities	% employment and accessibility measures for employees with disabilities
Measures against violence and harassment in the workplace	Prevalence of violence and harassment
Diversity	Representation of women and /or ethnic groups or minorities in own workforce. Age distribution in own workforce.
Child labour	Type of operations and geographical areas at risk of child labour
Forced labour	Type of operations and geographical areas at risk of forced labour

3. Beoordelen materialiteit van de impact en bepalen materiële zaken: tijdens deze stap wordt in gesprek gegaan met relevante belanghebbenden en experts. Materiële onderwerpen die in de standaarden staan, worden getest met experts en gebruikers van het duurzaamheidverslag. Deze stap is arbeidsintensief en kent door het betrekken van experts en belanghebbenden een relatief lange doorlooptijd. Vandaar dat deze stap in de ESG aanpak parallel wordt uitgevoerd met andere activiteiten.

Voor het identificeren actuele en mogelijke impact (stap 2) kan gebruik gemaakt worden van het overzicht met factoren waarmee rekening gehouden moet worden bij de beoordeling van de materialiteit. Een *sustainability matter* wordt als materieel beschouwd wanneer het betrekking heeft op de (potentiële) impacts van de onderneming op mensen of het milieu, die wordt veroorzaakt door de onderneming en haar zakelijke relaties uit hoofd van de eigen activiteiten, producten of diensten van de onderneming (ESRS.1: 43.). ESRS.1: AR.16 bevat in dit kader een handig overzicht van factoren die meegenomen kunnen worden in de materialiteitsbeoordeling. Voor arbeidskrachten staan in bijlage A.1 van ESRS.S1 zelfs voorbeelden van indicatoren die een indicatie geven dat bepaalde vereisten een materiële impact kunnen hebben.

Met de beschrijving van de waardeketen van de organisatie als referentiekader, kan op basis van eigen inzichten en die van collega's, de volgende toetsvragen worden beantwoord:

- Welke factoren kunnen (mogelijk) een materiële impact hebben in de keten?
- Waar in de keten, bij welke partner(s), stroomopwaarts / eigen activiteiten / stroomafwaarts?
- Wat is de aard van de activiteiten waarop de impact betrekking heeft?
- Wat zijn omstandigheden die de kans en/of het risico vergroten?
- Wat zijn aannames / inzichten / feiten waarop deze inschatting is gebaseerd?

Het beoordelen van de materialiteit van de impact gebeurt in overleg met relevante belanghebbenden en experts. Belanghebbenden zijn in dit kader degenen die de onderneming kunnen beïnvloeden of erdoor kunnen worden beïnvloed. De belangrijkste groepen zijn:
a) Belanghebbenden wiens belangen (kunnen) worden beïnvloed door de activiteiten van de onderneming en in haar waardeketen;
b) Gebruikers van duurzaamheidsverklaringen, zoals:

- Primaire gebruikers van financiële rapportage voor algemene doeleinden zoals (potentiële) investeerders, kredietverstrekkers en andere crediteuren;
- Andere gebruikers, waaronder de zakenpartners van de onderneming, vakbonden en sociale partners , het maatschappelijk middenveld en niet-gouvernementele organisaties, regeringen, analisten en academici.

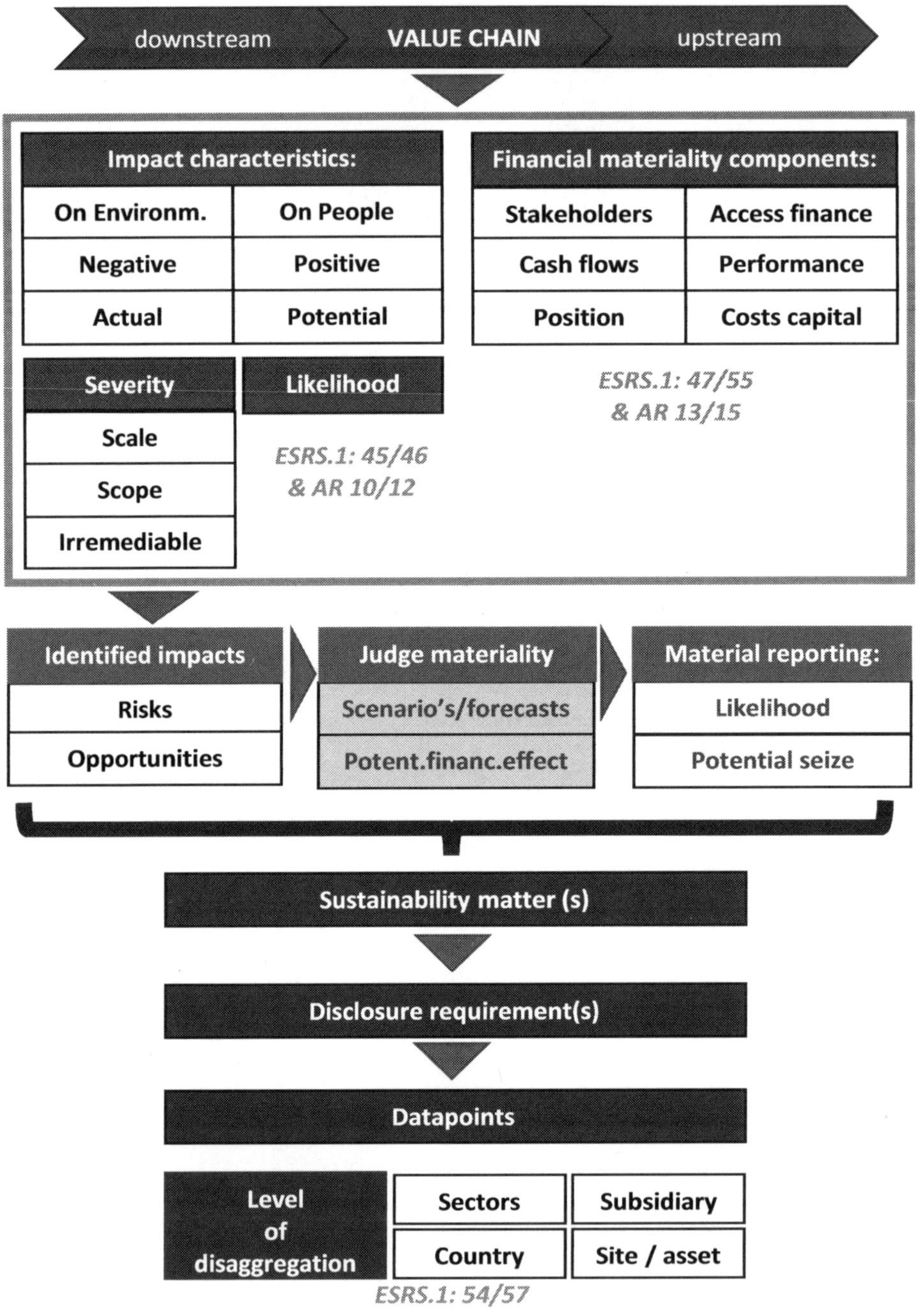
downstream
VALUE CHAIN
upstream
Impact characteristics:
On Environm.
On People
Negative
Positive
Actual
Potential
Severity
Scale
Scope
Irremediable
Likelihood
ESRS.1: 45/46
& AR 10/12
Financial materiality components:
Stakeholders
Access finance
Cash flows
Performance
Position
Costs capital
ESRS.1: 47/55
& AR 13/15
Identified impacts
Risks
Opportunities
Judge materiality
Scenario's/forecasts
Potent.financ.effect
Material reporting:
Likelihood
Potential seize
Sustainability matter (s)
Disclosure requirement(s)
Datapoints
Level
of
disaggregation
Sectors
Subsidiary
Country
Site / asset
ESRS.1: 54/57

Het is voorgeschreven een beschrijving op te stellen van de belanghebbenden, hun belangen en wijze waarop zij betrokken worden. (Conform ESRS.2 SBM-2: ESRS.2: 43/45 AR:16). Dit overzicht is het uitgangspunt bij het betrekken van belanghebbenden bij het beoordelen van de materialiteit.

Beoordelen o.b.v. dubbele materialiteit betekent dat nagegaan wordt hoe de acties van het bedrijf mensen en het milieu beïnvloeden en wat de materiële financiële impact op het bedrijf is. Bij het beoordelen van de (mogelijke) impact wordt onderscheid gemaakt tussen: negatief & positief en tussen werkelijk & mogelijk.

De materialiteit is afhankelijk van de schaal, de reikwijdte, het onherstelbaar karakter en de waarschijnlijkheid. Om materiële zaken te bepalen worden relevante belanghebbenden en experts betrokken. Materiële onderwerpen worden getest op basis van de factoren die in de standaarden worden genoemd. Dit gebeurt in nauwe samenwerking met experts en informatiegebruikers. Vervolgens wordt de impact zoveel mogelijk gekwantificeerd. Daarbij wordt gebruik gemaakt van scenario's, *forecasts* en een doorrekening van financiële effecten. Voor alle methoden, hulpmiddelen, normen en calculaties voor risico management en planning wordt gekeken in hoeverre daarvan gebruik gemaakt kan worden

De materialiteit bepaalt welke ESRS's van toepassing zijn. Per *sustainability matter*, *disclosure requirement* en *datapoint* wordt o.b.v. materialiteit bepaald wat wordt gerapporteerd. Een rapportage naar sectoren, landen, dochters, locaties en assets wordt gehanteerd als dit bijdraagt aan het inzicht.

In het kader van een duidelijke *audittrail* is het belangrijk alle stappen, activiteiten en resultaten van de materialiteitsbeoordeling goed te documenteren. De uitkomsten zullen namelijk expliciet vermeld moeten worden in het duurzaamheidsverslag. Als de uitkomst is dat klimaatverandering (ESRS.E1) niet materieel is, zal dit uitgebreid toegelicht moeten worden. Voor de overige onderwerpen volstaat een korte toelichting met de uitkomsten van de materialiteitsbeoordeling (ESRS.1: 32).

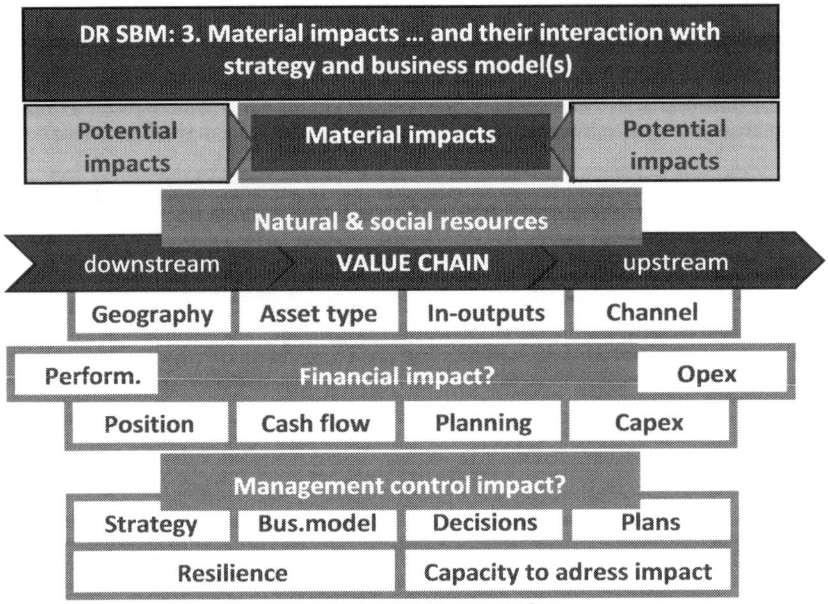

ESRS.2: 46/49 & AR:17/18

Resilience: Climate Change (ESRS.E1)			
Resilience analysis	Scope	How conducted	Results

ESRS.E1: 19 & AR.6/8

Material impacts: Own Workforce (ESRS.S1)			
Type own worker	Employee	Individual contractor	Worker 3rd party
Negative impacts	Wide spread	Systemic in contexts	Individual incidents
Positive impacts	Activities	Type own worker	Geographic location
Arising from environmental transition plans		Operations at risk: forced labour / child labour	

ESRS.S1: 13/16, AR.6/9 & A.1.examples

6.5 Materiële impact op strategie en bedrijfsmodel

Bij de beschrijving van de materiële impact op de strategie en het bedrijfsmodel komen de volgende aspecten aan de orde:

- Impact op mensen en milieu, via eigen activiteiten of via business relaties, tijdshorizon van de impact en waar deze in de waardeketen plaatsvindt (bijvoorbeeld in de vorm van geografie, type *assets, input, outputs* of distributie kanaal);
- Impact op de organisatie en financiën, w.o. resultaat, financiële positie, *cash flows*, financiële planning, investeringen, *capex* en *opex;*
- Invloed op strategie, het bedrijfsmodel, de besluitvorming en veranderingen in plannen;
- Informatie over veerkracht in de strategie, het bedrijfsmodel en de capaciteit om impacts te adresseren.

In het kader van klimaatverandering zijn er aanvullende eisen voor wat betreft de veerkracht analyse van de strategie en bedrijfsmodel. Daarvoor moet naast de scope ook weergegeven worden op welke wijze de analyse is uitgevoerd en wat de resultaten waren. Bij de beschrijving van de materiële impact m.b.t. arbeidskrachten moet aangegeven worden of het betrekking heeft op werknemers, ZZP'ers of medewerkers die via derden worden ingehuurd. Voor negatieve impact wordt beschreven of dit in het algemeen geldt, alleen in een bepaalde context of specifieke incidenten betreft. Voor positieve impact wordt aangegeven welke activiteiten die positieve impact veroorzaken, welk type arbeidskracht het betreft en de locatie. Tevens wordt aangegeven of de impact is gerelateerd aan een milieu transitieplan en of er activiteiten zijn met verhoogd risico voor gedwongen arbeid en kinderarbeid.

6.6. Integratie duurzaamheid in het risico management systeem

Conform GOV-5 (ESRS.2: 35/36) licht het bedrijf toe hoe de duurzaamheidrapportage een onderdeel is van het risico management systeem. Aspecten die daarbij beschreven moeten worden zijn scope risico van het management, processen en systemen om risico's te identificeren, kwantificeren, monitoren en te mitigeren. De aanpak, methodologie, belangrijkste risico's & mitigatie van risico's komen aan de orde. Tevens wordt aangegeven hoe resultaten geborgd worden in interne functies & processen en hoe periodiek bevindingen worden gerapporteerd aan *governance bodies*. Toetsvragen in dit kader zijn:

- In welke primaire bedrijfsprocessen komt duurzaamheid aan de orde?
- Met welke frequentie wordt gerapporteerd over risico's en hoe daarmee wordt omgegaan?
- In welke management overleggen is er aandacht voor het managen van ESG risico's?
- Wat moet er gebeuren om ESG te integreren in de reguliere P&C cyclus?

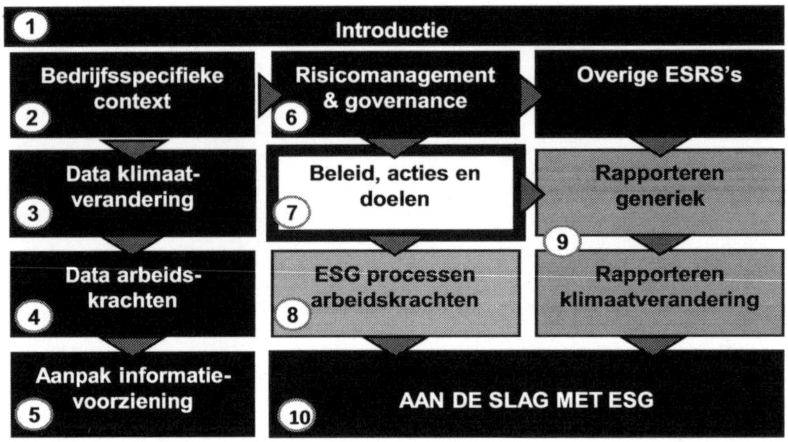

Activiteiten

1. Valideren of ESG beleid en acties aansluiten bij de *planning* en *control* cyclus (ESRS.2.MDR-P en MDR-A);
2. Concretiseren transitieplan klimaatverandering en beleid (ESRS.E1-1 & 1-2);
3. Bepalen acties/doelen klimaatverandering (ESRS.E1-3 & 1-4);
4. Vaststellen beleid/acties arbeidskrachten (ESRS.S1-1 & 1-4);
5. Bepalen doelen arbeidskrachten (ESRS.S1-5).

Resultaten

- Beeld in hoeverre duurzaamheid al een onderdeel is van de (be)sturing en de operatie;
- Medewerkers op de werkvloer zijn zich bewust van het belang van duurzaamheid en wat de impact is;
- Sleutelfiguren worden betrokken bij het ontwikkelen van het transitieplan, beleid, acties en doelstellingen;
- Heldere aanpak om beleid klimaatverandering en arbeidskrachten te integreren in de reguliere *planning* en *control* cyclus.

7. FORMULEREN BELEID, ACTIES EN DOELEN

7.1 Het gaat om gedrag

Beleid, acties en doelen worden niet voor de lol geformuleerd. Het gaat om het gewenst gedrag. Hoe beter duurzaamheid vertaald wordt naar concrete veranderingen in de dagelijkse gang van zaken, hoe beter medewerkers begrijpen wat er van hun verwacht wordt. Wanneer deze vertaling op een interactieve manier gebeurt, waarbij de medewerkers en leidinggevenden de ruimte hebben om te discussiëren, ontstaat een gedeeld beeld over de situatie waarin de organisatie zich bevindt en de te volgen strategie om gestelde doelen te behalen. Door expliciet te bespreken hoe de strategie de afdelings- en individuele doelen beïnvloedt, ontstaat begrip over hoe het werk van de afdeling en individu bijdraagt aan het realiseren van de doelstellingen. Daarbij kan ook worden vastgesteld wat zij nodig hebben om het gewenste gedrag te vertonen.

Zij nemen dus niet alleen kennis van de nieuwe strategie, zij denken er ook over na. Zij worden gestimuleerd om het gewenste gedrag te vertonen. Of dat nu komt omdat ze daarvoor worden beloond als ze het doen, of gestraft als ze het niet doen, maakt niet uit. Zij willen het echt. Om het gewenste gedrag te kunnen vertonen, moeten ze daartoe in staat worden gesteld. Het kan hierbij gaan om informatie, gereedschap, tijd, wat het ook zij. Het is nodig om de wil om te zetten in actie.

Ook bij dit onderdeel geldt 'bezint eer ge begint'. Door het beantwoorden van de toetsvragen ontstaat al snel een beeld waar bijvoorbeeld de focus m.b.t. klimaatverandering moet liggen:

- Bij welke bedrijfsactiviteiten wordt waarschijnlijk broeikasgasuitstoot gegenereerd (eigen activiteiten en in de keten)?
- Waardoor wordt de broeikasgasuitstoot veroorzaakt?
- In hoeverre kan één van de *decarbonisation levers* (energie/materiaal efficiency, elektrificatie, brandstof verandering, gebruik hernieuwbare energie, verandering van producten & *supply chain decarbonisation*) mogelijke bijdragen aan een reductie van de uitstoot?
- Hoe is de energiecomsumptiemix opgebouwd?
- Welke relevante reducties van het energieverbruik zijn mogelijk?
- Welke veranderingen kunnen doorgevoerd worden om verbeteringen te realiseren?
- Welke sleutelfiguren (management, operatie, ketenpartners & belanghebbenden) zullen we daarbij gaan betrekken?

Disclosure Content on policies and actions
Location alongside prescribed disclosures typical ESRS
Cross reference for interconnected sustainability matter
No P/A/M/T's; disclose reasons & timeframe adoption

Beleid om te managen (MDR-P)	Acties en middelen (MDR-A)
Key content	Key actions: this Y/planned
General objectives	Outcomes
Material impacts	Contribution policy/target
Scope	
Senior level accountable	Time horizon & progress
3rd standards / initiatives	Progress
Interests stakeholders	Required Opex / Capex

ESRS.2: 60/69, AR.20/23

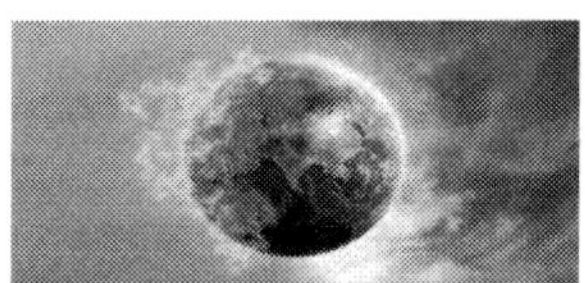

Transitieplan voor mitigatie en adaptie (E1-1)

ESRS.E1: 14/16 & AR: 1/3

Beleid voor mitigatie & adaptie (E1-2)

ESRS.E1: 22/23 & AR 16/18

7.2 Minimale generieke eisen ten aanzien van beleid en acties

De afkorting voor deze eisen is MDR, *Minimum Disclosure Requirements*. Ze zijn geformuleerd voor het beleid oftewel *policies* (MDR-P) en voor de acties en middelen (MDR-A). Het beleid en de acties worden vastgelegd bij de specifieke ESRS waarop zij betrekking hebben. Het beleid m.b.t. klimaatverandering wordt dus vastgelegd in de sectie klimaatverandering van het duurzaamheidsverslag. Verwijzingen zijn mogelijk als ze meerdere duurzaamheidmaatregelen omvatten. Als er geen beleid en/of acties zijn geformuleerd, wordt dat aangegeven, met vermelding van redenen en tijdspad om ze in te voeren. Volgens MDR-P's omvat de beschrijving van het beleid, de essentie van de inhoud, de doelstellingen, de impact en de scope. Tevens wordt aangegeven wie verantwoordelijk is voor implementatie op senior management niveau, relatie met standaarden of initiatieven van derden (indien van toepassing) en hoe rekening gehouden is met belangen van belanghebbenden.

De beschrijving van de acties omvat conform MDR-A een lijst van acties, voor dit jaar en gepland daarna, met vermelding van scope, verwachte resultaten en bijdrage aan het beleid en doelen. Tevens omvat het, tijdspad, voortgang en vereiste *opex* en *capex* met een onderbouwing van bedragen.

7.3 Transitieplan en beleid voor broeikasgasreductie

Het transitieplan voor klimaatmitigatie en adaptie (ESRS.E1: DR:E1-1) omvat o.a. een uitleg hoe broeigaskas reductie doelen bijdragen aan het beperken van de opwarming van de aarde. Dit omvat onder andere:

- Kwalitatieve beoordeling van de aan activa in producten gebonden broeikasgasemissies;
- Het plan hoe broeigas- en energie-intensieve activa en producten worden gemanaged en hoe dit een onderdeel is van de bedrijfsstrategie;
- Acties die worden ontwikkeld m.b.t. *decarbonisation levers*, inclusief veranderingen in dienst en productportfolio en inzct van nieuwe technologieën;
- Investeringen en benodigde fondsen voor de implementatie;
- De voortgang m.b.t. de implementatie van het plan.

Beleid voor mitigatie & adaptie (ESRS.E1: DR:E1-2) omvat o.a. een toelichting hoe in het beleid aandacht is voor klimaatverandering-mitigatie, -aanpassing, energie-efficiëntie en inzet van hernieuwbare energie. Daarbij wordt voor klimaatverandering-mitigatie aangegeven hoe de broeikasgasuitstoot wordt gemanaged en verwijderd. Tevens wordt aangegeven hoe wordt omgegaan met de transitie risico's. T.a.v. de klimaatverandering-aanpassing wordt vermeld hoe fysieke klimaat risico's en risico's m.b.t de adaptie worden gemaneged. Hierbij wordt aangeven welke tijdshorizon het omvat en of het betrekking heeft op eigen activiteiten of activiteiten in de waardeketen.

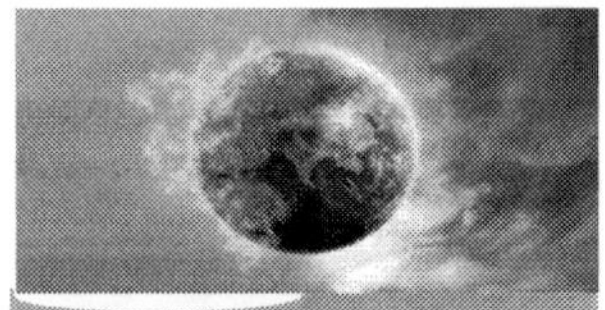

Transitieplan (E1-1)

Beleid (E1-2)

Acties en middelen (E1.3)

ESRS.E1: 24/29 & AR 19/22

Targets voor mitigatie & adaptie (E1-4)

ESRS.E1: 30/34 & AR 23/31

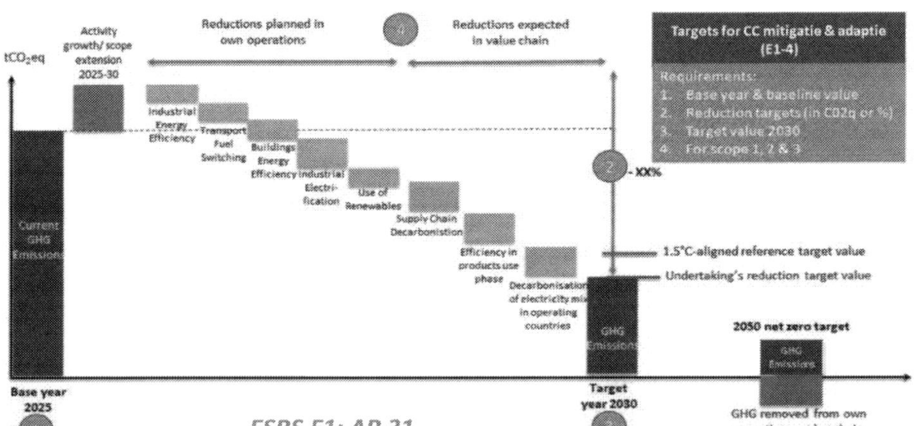

ESRS.E1: AR 31

7.4 Acties en doelen klimaatverandering

Voor de acties en middelen in het kader van broeikasgasreductie moet volgens ESRS.E1.DR:E-3 aangeven worden wat de acties zijn per *decarbonisation lever* zoals bijvoorbeeld energy/materiaal efficiency, elektrificatie, brandstof verandering, gebruik hernieuwbare energie, verandering van producten & *supply chain decarbonisation.* Tevens wordt aangegeven wat de acties per aanpassingsoplossing zijn, zoals bijvoorbeeld op de natuur gebaseerde aanpassingen, *engineering* of technische oplossingen. Natuurlijk wordt voor de acties aangegeven wat de behaalde en verwachte broeikasgasreducties zijn, m.b.t. de geformuleerde doelen. Tevens wordt aangegeven welk bedrag aan *opex* en *capex* nodig is om de acties te implementeren, zowel voor dit jaar als voor de geplande acties daarna.

Naast de generieke eisen ten aanzien van meetwaarden en doelen (die zijn geschetst in paragraaf 3.2 van dit boek) zijn er specifieke eisen in het kader van klimaatverandering. Volgens de vereisten voor de doelen moet er inzicht gegeven worden van de uitstoot in het *base year*, dit wordt de *baseline value* genoemd. De reductie doelen worden weergegeven in tonnen CO2 equivalent, of in een %. De splitsing tussen scope 1, 2 en 3 moet helder zijn. Daarnaast moet de *target value 2030* worden weergegeven. Ander richtlijnen die in ESRS.E1.DR E-4 aan de orde komen zijn: actualiseren van de *baseline value* en *target value* elke 5 jaar na 2023. Een principe dat gehanteerd moet worden is 'niet veranderen van de doelen tenzij' .... er bijvoorbeeld significante veranderingen komen in de doelen of de scope van het rapport. De doelen worden zoveel mogelijk wetenschappelijk onderbouwd. Er wordt aangegeven welke raamwerken zijn gebruikt. Voor de gehanteerde scenario's wordt aangegeven welk ontwikkelingen zijn meegenomen en wat de impact is. Voor de *decarbonisation levers* wordt aangegeven wat hun kwantitatieve bijdrage is aan de realisatie van doelen voor scope 1, 2 en 3 en wat de impact is van nieuwe technologieën en van uiteenlopende klimaatscenario's. De doelen m.b.t. klimaatverandering mogen gevisualiseerd worden. (Een voorbeeld hiervan is weergegeven in ESRS.E1: AR 31.)

De acties die worden ontwikkeld hangen sterk af van de aard van de bedrijfsactiviteiten. Broeikasgasuitstoot als gevolg van vervoer van medewerkers komt bijvoorbeeld bij veel organisaties voor. De aard van de maatregelen varieert. Er zijn beperkende maatregelen zoals het niet vergoeden van vervoer per auto of de keuze van een auto van de zaak te beperken tot elektrische auto's. Er zijn ook stimulerende maatregelen als een vergoeding voor kilometers die worden gefietst en een lagere kilometervergoeding voor eigen vervoer in benzine/diesel auto's als die voor elektrische. Er is zelfs een bedrijf dat een app heeft ontwikkeld dat inzicht geeft of je hebt gereisd, of thuis gewerkt, hoe er is gereisd en wat hoeveelheid kilogram CO2 uitstoot was.

DR S1-1 Policies own workforce			
Approach	Engagement stakeholders	Measures	Internation. standards
Addressing	Trafficking humans	Forced Labor	Child Labor
Procedures	Discrimina-tion	Diversity & inclusion	Vulnerable groups
'Social & human rights matters' and *'Non-exhaustive list of factors to consider in Materiality Assessment'*: App.A.1			

ESRS.S1: DR:S-1: 17/24, AR.10/17 & App.A2 Examples of Policies

DR S1-4 Actions ... own workforce ... and effectiveness			
Actions	Prevent / mitigate negative impacts	Delivering positive impacts	
Approach	Appropriate action	Specific impacts	Availability processes
	Effective processes	Action plans	Resources

ESRS.S1: DR:S1-4: 35/43, AR.33/48 & App.A3 Examples of Actions

DR S1-5 Target to manage...impacts		
Targets	Outcomes in lives own workers	Measurable & verifiable
	Stability over time	Reference to standards

ESRS.S1: DR:S1-5: 44/47, AR.49/52 & App.A4 Examples of Targets

Bij het ontwikkelen van het transitieplan, het beleid, de acties en de doelen is het verstandig vast te stellen dat aan de minimale eisen wordt voldaan. Zo wordt voorkomen dat men daar pas bij het opstellen van de duurzaamheidsrapportage achter komt.

7.5 Beleid, acties en doelen arbeidskrachten

Het beleid m.b.t. arbeidskrachten heeft betrekking op eigen werknemers en derden die arbeid verrichten. Vereisten die aan de beschrijving worden gesteld omvatten:

- Aanpak, betrokkenheid belanghebbenden en maatregelen;
- Aansluiting op internationaal erkende standaarden;
- Adressering mensenhandel, gedwongen arbeid en kinderarbeid;
- Beleid en systeem om arbeidsongevallen te voorkomen;
- Specifiek beleid om discriminatie uit te sluiten en procedures om discriminatie te voorkomen, te beperken en erop te acteren en beleid om diversiteit te stimuleren;
- Inzet in het kader van kwetsbare groepen.

ESRS.S1-4 geeft richtlijnen voor de beschrijving van activiteiten om negatieve impact te voorkomen of te verzachten, positieve impacts te realiseren en de effectiviteit van de acties vast te stellen. Uit de beschrijving moet blijken wat de impacts zijn, waar de actie betrekking op heeft, de beschikbare processen voor de remedie, hun effectiviteit, de actieplannen en de daarvoor benodigde middelen.

Conform ESRS.S1-5 moet er een vastlegging zijn van de overwegingen t.a.v. doelen en wat de impact is op het leven van arbeidskrachten. Daarnaast moeten de doelen niet alleen meetbaar en verifieerbaar zijn. Ze moeten ook stabiel zijn. De beschrijving moet verwijzen naar normen en standaarden die zijn gehanteerd.

De bijlage A1 van ESRS.S1 geeft een overzicht van duurzaamheidskwesties. Dit overzicht kan gebruikt worden om een beeld te vormen welke kwesties materieel kunnen zijn (zie hoofdstuk 6.4 in dit boek).

Voor de materiële duurzaamheidskwesties kan m.b.v. de bijlagen A2, A3 en A4 van ESRS.S1 gekeken worden in hoeverre de voorbeelden van beleidsmaatregelen, acties en doelstellingen relevant en toepasbaar zijn voor de eigen organisatie.

ESRS.S1: APP.A.2
Examples of policies (Social and human rights matters)
Secure employment: No-layoff policy, limits on renewing temporary contracts, employer provision of social protection where state provision is lacking
Working time: Limitations on overtime, long and split shifts, and night and weekend work, adequate lead time for scheduling
Adequate wages: Policy to ensure all people in own workerforce receive an adequate wage
Social dialogue / existence of work councils / information, consultation and participation rights of workers: Policy to encourage institutions for social dialogue, regular information and consultation with worker representatives, consultation before final decisions on employment-related issues are reached
Freedom of association/Collective bargaining including the rate of workers covered by collective agreements: Non-interference in trade union formation and recruitment (including trade union access to undertakings), bargaining in good faith, recognition of, adequate time off for duties, facilities and dismissal protection for workers' representatives, no
Work-life balance: Provision of family leave, flexible working time, access to day care facilities for all workers
Health and safety: Coverage of all own workers in H&S management system
Gender equality and equal pay for work of equal value: Policy for gender equality and equal pay for equal work
Training and skills development: Policy for enhancing skills and career prospects for employees
The employment and inclusion of people with disabilities: Policy for making workplaces accessible to persons with disabilities
Measures against violence and harassment in the workplace: Zero tolerance policy for violence and harassment at workplace
Diversity: Policy for inclusiveness (i.e. ethnic diversity or minority groups) and affirmative action.
Child labour: Policy for identifying where child labour occurs, identifying where exposure of young workers to hazardous work occurs and preventing risk of exposure
Forced labour: Policy for identifying where forced labour occurs and reducing risk of forced labour

ESRS.S1: APP.A.3
Examples of actions: (Social and human rights matters)
Secure employment: Offer permanent contracts to employees with temporary contracts, implement plans for social protection where state provision is lacking
Working time: Shift work rotation, extend advance notice of scheduling, reduction of excessive overtime
Adequate wages: Negotiation of fair wages in collective bargaining agreements, verification that employment agencies pay a fair wage
Social dialogue / existence of work councils / information, consultation and participation rights of workers: Expansion of sustainability issues dealt with in social dialogue, increase in number of meetings, increase in resources for works councils
Freedom of association/Collective bargaining including the rate of workers covered by collective agreements: Expansion of sustainability issues dealt with in collective bargaining, increase in resources for workers' representatives
Work-life balance: Expand family leave eligibility and flexible working time arrangements, increasing provision of day care
Health and safety: Increase health & safety training, investment in safer equipment
Gender equality and equal pay for work of equal value: Targeted recruitment and promotion of women, reduction in pay gap through
Training and skills development: Skills audits, training to fill skills gaps
The employment and inclusion of people with disabilities: Increasing accessibility measures
Measures against violence and harassment in the workplace: Improving complaint mechanisms, increasing sanctions against violence and harassment, providing training for prevention to management
Diversity: Training on diversity and inclusion (including ethnicity considerations), targeted recruitment of underrepresented groups
Child labour: Age verification measures, partnerships with organizations to eliminate child labour, measures against worst forms of child labour
Forced labour: Measures ensuring free consent to employment without threat of penalty, contracts in understandable language, freedom to terminate employment without penalty, disciplinary measures should not obligate labour, free consent to overtime, freedom of movement (including to exit workplace), fair treatment for migrant workers, monitoring employment agencies

ESRS.S1: APP.A.4
Examples of targets: (Social and human rights matters)
Secure employment: Increasing the % of workforce with employment contracts (especially permanent contracts) and social protection
Working time: Increasing the % of workforce with flexible working time arrangements
Adequate wages: Ensuring that all people in own workforce receive an adequate wage
Social dialogue / existence of work councils / information, consultation and participation rights of workers: Extending social dialogue to more establishments and/or countries
Freedom of association/Collective bargaining including the rate of workers covered by collective agreements: Increasing the % of own workforce covered by collective bargaining, negotiating collective bargaining agreements over sustainability issues
Work-life balance: Extending work-live measures to a greater % of own workforce
Health and safety: Reducing the rate of injuries and worktime lost due to injuries
Gender equality and equal pay for work of equal value: Increasing the % of women in the workforce and top management, reducing the male-
Training and skills development: Increasing the % of employees receiving training and regular skills development reviews
The employment and inclusion of people with disabilities: Increasing the % of persons with disabilities in own workforce
Measures against violence and harassment in the workplace: Extending measures to all workplaces
Diversity: Increasing the % of underrepresented groups in own workforce and top management
Child labour: Extending measures for preventing exposure of young persons to hazardous work to a greater % of operations
Forced labour: Extending measures for preventing child labour to a greater number of operations

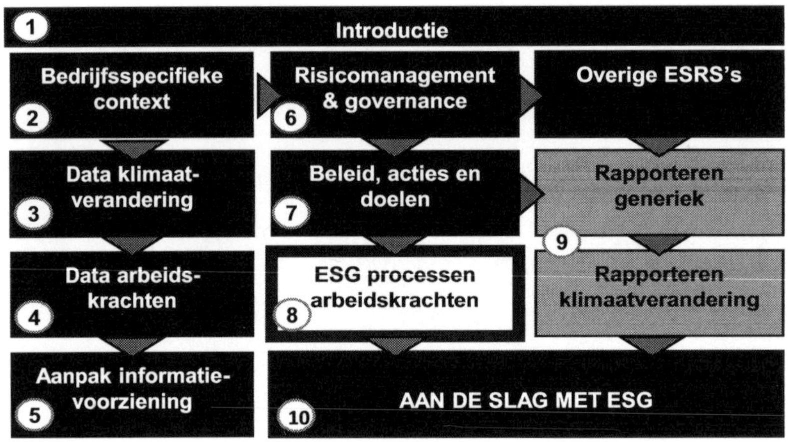

Activiteiten

1. Proces om arbeidskrachten en vertegenwoordigers te betrekken bij impactbepaling (ESRS.S1-2);
2. Proces en kanalen voor arbeidskrachten om zorgen te uiten en gehoor aan te geven (ESRS.S1-3);
3. Proces voor het managen van doelen (ESRS.S1-5).

Resultaten

- Voorstellen om huidige processen aan te passen om te voldoen aan vereisten m.b.t. de processen voor arbeidskrachten
- Operationele processen voor: betrekken medewerkers bij impactbepaling, zorgen te kunnen uiten, managen materiële impact op arbeidskrachten en de doelen.

DR S1-2 Process engaging workers about impacts			
Engagement	Type	At which stages	Frequency
	Directly?	Senior role responsible	Assessing effectiveness
Workers perspectives	Global Framework	How gain insight	Vulnerable groups

ESRS.S1-2: 25/29 & AR.18/26

8. PROCES ARBEIDSKRACHTEN

8.1 Betrekken en luisteren naar arbeidskrachten.

Waarom zijn er processen voor arbeidskrachten en niet voor klimaatverandering? Het antwoord op deze vraag blijkt niet uit de regelgeving. Door logisch na te denken kan je wel een antwoord formuleren. De veranderingen die worden doorgevoerd in het kader van klimaatverandering hebben vaak het karakter van (nieuwe) initiatieven met als doel de energieconsumptie en de broeikasgasuitstoot terug te dringen. Vaak gebeurt dit in de vorm van projecten met als doel veranderingen door te voeren in de bedrijfsvoering. Voor arbeidskrachten zijn er richtlijnen die een indicatie geven hoe de organisatie omgaat met zijn arbeidskrachten. Dit omvat het beleid (ESRS.S1-1), de acties (ESRS.S-4) en doelen m.b.t. arbeidskrachten (ESRS.S-5), die behandeld zijn in hoofdstuk 7. Daarnaast zijn er richtlijnen voor processen om arbeidskrachten te betrekken bij de impactbepaling, negatieve impact zoveel mogelijk te beperken, arbeidskrachten in de gelegenheid te stellen hun zorgen te uiten en ze te betrekken bij het formuleren en managen van doelen. Het geeft een indicatie hoe medewerkers worden betrokken en naar hen wordt geluisterd.

Het doel hiervan is inzicht te geven hoe de organisatie hiermee omgaat. Organisaties die hiervoor nog geen processen hebben, kunnen deze natuurlijk alsnog inrichten.

8.2 Processen voor arbeidskrachten

De beschrijving van het proces om arbeidskrachten en hun vertegenwoordigers te betrekken bij impacts (ESRS.S1-2) bevat een uitleg over het proces, om betrokkenheid te realiseren. Daarbij wordt antwoord gegeven op vragen zoals: Hoe ziet het proces eruit? In welke fase van de impactbepaling gebeurt het? Wat is de frequentie? Worden arbeidskrachten direct betrokken? Wat is de meest senior functie van degene die verantwoordelijk is dat dit gebeurt? Hoe wordt de effectiviteit van het proces beoordeeld?

Daarnaast wordt aangegeven of er een *Global Framework Agreement* bestaat m.b.t. het respecteren van mensenrechten, met vertegenwoordigers van de arbeidskrachten (of iets vergelijkbaars). Als dat er is wordt aangegeven wat de stappen zijn om inzicht te krijgen of de mensenrechten worden gerespecteerd en hoe ervoor wordt gezorgd dat kwetsbare groepen worden betrokken.

Als er geen processen zijn, wordt dit vermeld inclusief de doorlooptijd die nodig is voor de implementatie.

DR S1-3 Processes remediate negative impacts / concerns			
Matters	Working conditions	Equal treatment	Other work-related right
Process	To provide remedy	Negative impacts	Effectiveness remedy
	Awareness of workers	Trusting structure	Protection policy users
Channels for concerns	Supporting availability	Monitoring handling	Ensuring involvement

ESRS.S1-3: 30/34 & AR.27/32

DR S1-5 Target to manage...impacts		
Process	Setting targets	Tracking performance
	Identifying improvements	Involvement workers

ESRS.S1-5: 44/47, AR.49/52

De processen om negatieve impact te beperken en kanalen voor arbeidskrachten om zorgen te kunnen uiten (ESRS.S1-3) hebben betrekking op: arbeidsomstandigheden, gelijke behandeling en andere werk gerelateerde rechten. Uit de beschrijving moet o.a. blijken hoe een remedie wordt geboden m.b.t. negatieve impact en hoe de effectiviteit van de remedie is beoordeeld. Teven wordt beschreven hoe wordt vastgesteld dat de arbeidskrachten op de hoogte zijn, zij de processen vertrouwen en dat de gebruikers van de kanalen beschermd worden. Er zijn ook eisen aan de kanalen die daarvoor worden gebruikt. Voorbeelden hiervan zijn: Hoe ondersteunt de organisatie de beschikbaarheid van de kanalen? Hoe worden issues aan de orde gesteld, gemonitord en geadresseerd? Hoe is de betrokkenheid van belanghebbenden geregeld?

Conform ESRS.S1-5 moet het proces om targets te bepalen, resultaten te monitoren en verbeteringen te identificeren, beschreven worden. Daaruit moet blijken hoe arbeidskrachten daarbij betrokken zijn.

Om een inschatting te maken van de impact kunt u antwoord geven op de volgende toetsvragen:

- Worden arbeidskrachten momenteel betrokken bij het bepalen van de impacts (risico's en kansen) en hoe ziet dat eruit in de praktijk?
- Zijn er kanalen en processen om zorgen m.b.t. arbeidsomstandigheden te kunnen uiten?
- Hoe wordt vastgesteld dat de arbeidskrachten deze kanalen vertrouwen en dat de geboden remedies effectief zijn?
- Hoe zijn arbeidskrachten betrokken bij het bepalen van targets?
- Welke aanpassingen in de processen zijn nodig om te voldoen aan de eisen van ESRS.S1 en wat is de verwachte doorlooptijd om dit te realiseren?

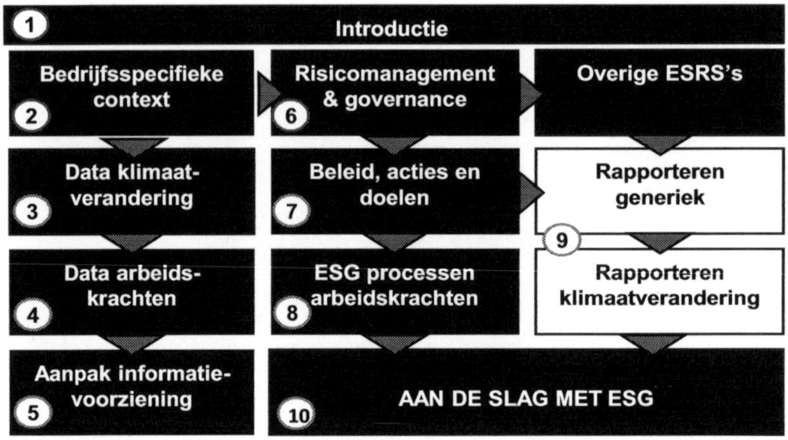

Activiteiten

- Valideren rapportage eisen (ESRS.1 hoofdstukken 6,7 & 9);
- Bepalen impact structuur en overgangsbepalingen (ESRS.1 hoofdstukken 8 & 10);
- Beschrijven algemene basis en bijzonderheden (ESRS.2 DR:BP 1 & 2);
- Toelichten welke DR's in de duurzaamheids-rapportage staan (ESRS.2 DR:IRO.2);
- Registreren *internal carbon pricing* en financiële effecten klimaatrisico's (ESRS.E1-9 & E1-8);
- Concretiseren kwaliteitseisen informatie (ESRS.1 hoofdstuk 2 & bijlage C).

Resultaten

- Voldoen aan de generieke rapportage eisen;
- Impact van de overgangsbepalingen voor de rapportage is duidelijk;
- Duidelijkheid wat er moet gebeuren op het gebied van datamanagement om te voldoen aan de kwaliteitseisen.

9.RAPPORTEREN EN MANAGEN DATAKWALITEIT

9.1 De meeste rapportage vereisten zijn logisch

ESRS.1 (algemene vereisten) en ESRS.2 (algemene bepalingen) bevatten veel rapportagevereisten die heel logisch zijn. Veel organisaties zullen al aan veel vereisten voldoen of ze makkelijk toe kunnen passen als ze gaan rapporteren. Het is wel verstandig ze tijdig door te nemen en vast te stellen dat dit het geval is. Mochten er vereisten zijn die aanpassingen vergen, dan is daarvoor nog voldoende tijd beschikbaar.

9.2 Algemene rapportagevereisten

In deze paragraaf komt de essentie van de hoofdstukken 6 tot en met 9 van ESRS.1 aan de orde, met een verwijzing naar de relevante paragrafen. Mocht u meer willen weten m.b.t een bepaald onderwerp, raadpleeg dan de desbetreffende ESRS's.

Hoofdstuk 6 gaat over tijdhorizons (ESRS.1: 73/81). Hierin wordt vermeld, dat de rapportageperiode consistent moet zijn met jaarrekening. Verleden, heden en toekomst moeten zodanig aan elkaar worden gerelateerd, dat de voortgang t.o.v. het basisjaar duidelijk is. De definitie voor korte termijn is korter dan 1 jaar, middellang beslaat de periode tussen 1 en 5 jaar en lang geldt als benaming voor een tijdshorizon voor meer dan 5 jaar.

Hoofdstuk 7 geeft vereisten m.b.t. het opstellen en presenteren van de duurzaamheidsinformatie (ESRS.1: 82/109). Het is logisch om vergelijkende cijfers te presenteren, bronnen van inschattingen te beschrijven en uit te leggen, gebeurtenissen na balansdatum mee te nemen, veranderingen in het opstellen en presenteren van de informatie toe te lichten en de informatie te consolideren op groepsniveau. Logisch of niet, door het expliciet te maken kunnen misverstanden voorkomen worden. Dat geldt zeker voor het weglaten van informatie over intellectuele eigendom, knowhow of innovatie als het geheim is. Het kan logischerwijze niet van bedrijven verlangd worden dat ze dit openbaren.

De structuur van de duurzaamheidsrapportage komt aan de orde in hoofdstuk 8 (ESRS.1: 110/117, AR 18 en bijlage F). In essentie komt het erop neer dat de ESRS structuur leidend is. Naast de generieke ESRS aspecten mag een sector- en entiteit-specifieke toelichting worden gegeven. De informatie moet in mens- en machine leesbare formaten beschikbaar worden gesteld.

Over koppelingen met groepsrapportages en andere informatie (ESRS.1: 118/129) staat in hoofdstuk 9 dat dit mag gebeuren door een verwijzing. naar de desbetreffende paragraaf in de jaarrekening. Voor materiële bedragen wordt de aansluiting op bedragen in de jaarrekening aangegeven.

9.3 Overgangsbepalingen

In het kader van de overgangsbepalingen (ESRS.1 hoofdstuk 10 paragraaf 130/137 & bijlage C) kan onderscheid gemaakt worden tussen:

a) Generieke overgangsbepalingen die de eerste 3 jaar gelden;
b) Generieke overgangsbepalingen die het eerste jaar gelden;
c) Specifieke overgangsbepalingen voor organisaties met minder dan 750 werknemers.

De eerste 3 jaar:

- *Kan informatie over de waardeketen* (stroomopwaarts & stroomafwaarts) *beperkt worden tot informatie die intern beschikbaar is voor beleid, acties & doelen.* Voor meetwaarden is stroomopwaartse & stroomafwaartse informatie niet vereist.
- *Kan volstaan worden met een kwalitatieve toelichting van de verwachte financiële effecten van de materiële impacts op het bedrijfsmodel en milieu-impact als kwantitatief 'niet praktisch' is.* (conform ESRS.2: DR: SBM-3: 48 (e) voor bedrijfsmodel en E1-9, E3-5, E4-6 en E5-6 voor milieu-impact. Voor E2-6 geldt een uitzondering voor de impact van *major incidents* op de *opex* en *capex*.)
- *Kan een entiteit specifieke toelichting gehanteerd worden*, waarbij aangesloten wordt bij voorgaande rapportages. Deze moet wel gecompleteerd worden met ESRS-eisen m.b.t. materiële duurzaamheidskwesties.

Het eerste jaar geldt een vrijstelling voor:

- *Vergelijkende cijfers;*
- *Verwachte financiële effecten materiële impacts op het bedrijfsmodel en m.b.t. milieu;*
- *Voor ESRS.S1 arbeidskrachten: DR: S1-8 en S-1-11 tot en met S1-15:* (S1-8: dekking CAO & sociale dialoog, S1-11: sociale voorzieningen, S1-12: percentage werknemers met handicap, S1-13: training en persoonlijke ontwikkeling, S1-14: Gezondheid en veiligheid: S1-15: Werk leven balans).

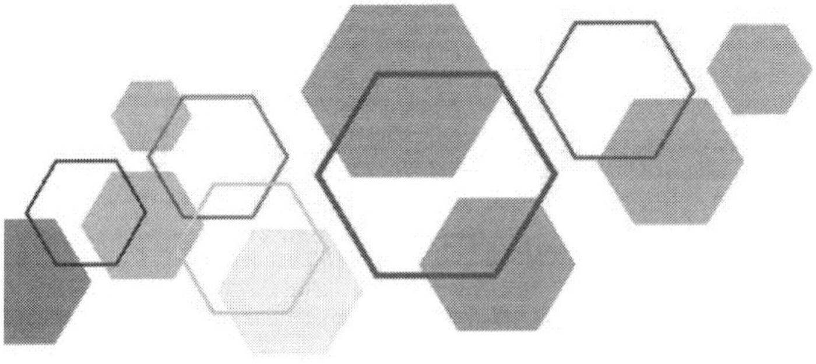

Voor organisaties met minder dan 750 werknemers:
Geldt de eerste 2 jaar een vrijstelling voor:

- ESRS.E4 Biodiversiteit & ecosystemen;
- ESRS.S2 Arbeiders in de keten;
- ESRS.S3 Invloed op gemeenschappen;
- ESRS.S4. Klanten en eindgebruikers.

Geldt het eerste jaar een vrijstelling voor:

- Scope 3 broeikasgasemissie (en totale emissie) uit ESRS.E1 klimaatverandering;
- ESRS.S1 arbeidskrachten.

9.4 Algemene basis en bijzonderheden in de duurzaamheidsrapportage

ESRS.2 begint met BP's oftewel de *Basis for Preparation*. Volgens BP-1: (ESRS.2: 3/5 & AR 1) blijkt uit de toelichting de basis voor het opstellen van duurzaamheidsrapportage. Hierin wordt onder andere vermeld of de informatie geconsolideerd is of niet en de scope van de consolidatie. Voor wat betreft de dekking van de waardeketen door de rapportage, wordt aangegeven welk deel van de keten is meegenomen m.b.t. de materialiteitsbeoordeling, het beleid, acties & doelen en m.b.t. data over de waardeketen. Tevens wordt vermeld of er sprake is van ontbrekende informatie m.b.t. bijvoorbeeld intellectueel eigendom, bedreigingen of zaken waarover wordt onderhandeld.

BP-2 (ESRS.2: 6/17 & AR 2) vermeldt de volgende specifieke omstandigheden die toegelicht moeten worden:

- Afwijkingen m.b.t. de standaard tijdhorizons en waarom daarvan is afgeweken;
- Schattingen m.b.t. de waardeketen, waarbij aangegeven wordt om welke data het gaat, de basis die is gebruikt, de mate van accuraatheid en wat de verbeteracties zijn;
- Bronnen van schattingen en onzekerheden, welke data het betreft, de bronnen en de factoren die de schatting beïnvloeden;
- Veranderingen in het opstellen en presenteren van informatie met een toelichting waaruit o.a. de reden blijkt en de aanpassingen in de vergelijkende cijfers;
- Fouten in voorgaande perioden, met een toelichting van de aard en de impact op de voorgaande perioden;
- Impact van lokale regelgeving en verwijzingen waar dit van toepassing is met een referentie naar desbetreffende secties en de gebruikte standaarden;
- Of er gebruik gemaakt is van de vrijstelling voor organisaties met minder dan 750 werknemers, waarvoor en een toelichting of het desbetreffende onderwerp materieel is.

Duurzaamheids-rapportage

DR's behandeld & weggelaten (IRO-2)

Behandelde DR's
List DR's complied with
Location DR's: e.g. page/paragraphs/content index
Weggelaten DR's
Brief explanation conclusion materiality assessment
Opportunities
Descriptive information
Opportunity undertaking specific / for the whole sector?
Quantitative measures financial effects appropriate?

ESRS.2: DR.54/59, AR.19

Types of internal carbon prices	Volume at stake (tCO2eq)	Prices applied (€/tCO2eq)	Perimeter description
CapEx shadow price			
Research and Development (R&D) investment shadow price			
Internal carbon fee or fund			
Carbon prices for impairment testing			
Etc.			

ESRS.E.1: 62/63, AR.65/66

De duurzaamheidsrapportage bevat niet alleen een overzicht van de toegepaste DR's (*Disclosure Requirements*). Het geeft ook aan welke DR's weggelaten zijn, met uitleg van de conclusies van de materialiteitsbeoordeling. Met voor ESRS.S1 klimaatverandering zelfs een uitgebreide toelichting, als deze niet materieel is. Voor *opportunities* wordt beschreven of ze bedrijfsspecifiek zijn en onderdeel van de strategie, of dat ze gelden voor de hele sector. Tevens wordt aangegeven waarom kwantitatieve maatstaven van financiële effecten passend zijn, gezien het aantal aannames en onzekerheid

Voor het inschatten van de financiële implicaties van emissiereductie ('wat kost het..') kan een interne koolstofprijstelling worden gebruikt. Varianten die worden genoemd zijn een schaduw prijs (t.b.v. besluitvorming) en interne doorbelasting (aan activiteiten, productlijn, business units, e.d.). Er zal dan aangegeven worden of hiervan gebruik wordt gemaakt, hoe dit besluitvorming ondersteunt en hoe het bijdraagt aan de implementatie van klimaat gerelateerd beleid en doelen. De toelichting bevat het type *pricing scheme*, scope, toegepaste prijzen, aannames, methodologie, in hoeverre deze wetenschappelijk is, de tonnen broeikasgasuitstoot in CO2 equivalent die daarmee wordt afgedekt en het % van de desbetreffende scope.

9.5 Financiële effecten van klimaat risico's

Financiële effecten van klimaat risico's moeten uitgebreid worden toegelicht (ESRS.E.1-9: 64/70, AR.67/81). De overgangsbepalingen (zoals beschreven in paragraaf 9.3) zorgen ervoor dat (een deel van) de informatie stapsgewijs kan worden opgebouwd in de eerste rapportagejaren. Van het materiële fysieke risico en het transitie risico moet o.a. worden aangegeven:

- Het bedrag, gespitst in accuut en chronisch, en het % van activa, per tijdshorizon;
- Deel van activa, dat geraakt wordt door de aanpassingen aan klimaatverandering;
- Bedrag van de omzet, en % van de totale omzet, m.b.t. activiteiten *at material risk*,
- Aansluiting met jaarrekening d.m.v. *cross reference* of een tabel.

Voor het fysieke risico wordt de locatie van significante activa *at material risk* gegeven. M.b.t. het transitie risico wordt de opbouwwaarde vastgoed per energie-efficiëntie klasse en verplichtingen, die in de jaarrekening staan m.b.t. het risico gerapporteerd. Voor de potentiële kansen wordt een toelichting gegeven van o.a. de verwachte besparingen en de gehanteerde calculatie methode. Tevens wordt aangegeven wat het potentiële marktaandeel is of veranderingen in de omzet a.g.v. de kansen. Daarnaast bevatten de AR's uitgebreide *calculation guidance*, die nog een keer doorgenomen dient te worden als u aan de slag gaat met de financiële effecten van klimaatrisico's.

Relevant

Maakt verschil in besluit gebruikers (QC1)

Informatie heeft voorspellende waarde (QC.2) en bevestigende waarde (QC.3) voor de gebruiker. Het is materieel voor besluiten (QC.4)

Getrouwe weergave

Compleet neutraal en betrouwbaar (QC5)

Het is compleet (QC.6) want het bevat alle materiële informatie voor gebruikers om de impact te begrijpen. Neutraal (QC.7 & 8) betekent zonder vooroordeel en voorzichtig met beoordelingen met onzekerheid. Betrouwbaarheid (QC 9) komt doordat processen en interne controle fouten voorkomen.

Vergelijkbaarheid

Informatie is vergelijkbaar met voorgaande perioden en andere bedrijven (QC10). Deze is consistent (QC 11) door het hanteren van dezelfde aanpak of methoden. Dezelfde componenten lijken op elkaar (QC 12) en andere componenten zien er anders uit

Controleerbaarheid

Het is mogelijk om informatie of gebruikte input te valideren (QC.13). Er bestaat consensus tussen meerdere deskundige onafhankelijke waarnemers t.a.v. getrouwe weergave (QC.14). Er is een beschrijving van aannames en methoden om informatie te produceren (QC.15)

Begrijpelijkheid

Elke verstandige leek begrijpt de informatie (QC.16). Deze is duidelijk en beknopt(QC.17)

9.6 Kwaliteitscriteria voor duurzaamheidsinformatie

De kwaliteit van de data staat centraal bij data management. Dit is het doel van het managen van data. Daarvoor heb je kwaliteitscriteria nodig. Zij maken een vaag begrip als kwaliteit concreet en meetbaar. Fundamentele kwaliteitskenmerken van duurzaamheidsinformatie zijn relevant & getrouwe weergave (ESRS.1: 19/20 & bijlage B met QC's oftewel *Quality Criteria*). Ondersteunende kwaliteitskenmerken zijn: vergelijkbaarheid, controleerbaarheid en begrijpelijkheid.

Met het formuleren van deze criteria ben je er niet. Data management begint met het besef dat data belangrijk zijn voor de bedrijfsvoering. *Data awareness* bij het management is een randvoorwaarde. *Data awareness* bij de medewerkers is noodzakelijk om het door te voeren in de dagelijkse praktijk. De *data governance* zorgt voor overleg tussen de verschillende onderdelen van de organisatie. Het zorgt voor de regie op en sturing van de datamanagement activiteiten, zodat het consistent wordt doorgevoerd in de hele organisatie. De eigenaren moeten dan wel bekend zijn. De medewerkers die de data genereren, zijn verantwoordelijk voor de kwaliteit van hun eigen werk. Het management is verantwoordelijk voor hun werk en dus ook voor de kwaliteit van de data die zij genereren.

Data awareness, governance en *ownership* zijn randvoorwaarden om de kwaliteit van data te kunnen managen. De kwaliteitscriteria voor duurzaamheidsinformatie staan centraal. Deze maken een vaag begrip is kwaliteit tastbaar.

Om kwaliteit van de data effectief te managen en snel resultaten te halen zijn een weloverwogen werkwijze en de juiste competenties van medewerkers cruciaal.

Toetsvragen om dit te vertalen naar uw eigen organisatie:
- Wie is verantwoordelijk voor de datakwaliteit?
- Welk(e) aspect(en) van datamanagement gaan goed en welke kunnen beter?
- Wat voor de stappen kunnen we in dit kader zetten?

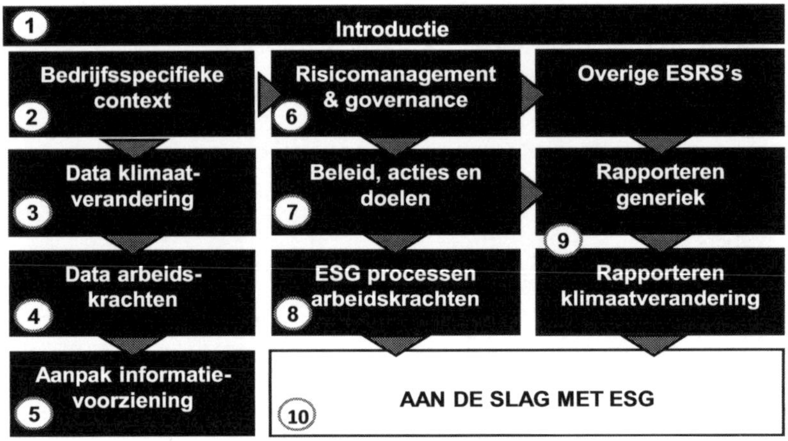
1 Introductie
Bedrijfsspecifieke context 2
Risicomanagement & governance 6
Overige ESRS's
Data klimaat-verandering 3
Beleid, acties en doelen 7
Rapporteren generiek
9
Data arbeids-krachten 4
ESG processen arbeidskrachten 8
Rapporteren klimaatverandering
Aanpak informatie-voorziening 5
10 AAN DE SLAG MET ESG

10. AAN DE SLAG

10.1 De meest organisaties staan aan het begin van hun ESG reis

In het voorjaar van 2023 heeft Sdu (door onderzoeksbureau Angi Studio) een onderzoek laten uitvoeren naar de stand van zaken m.b.t. CSRD. Resultaten zijn:

- 40% is onbekend met de nieuwe Europese CSRD-richtlijn;
- 43% van de bedrijven heeft nog niemand aangewezen die verantwoordelijk is voor CSRD/ESG-doelstellingen;
- 25% negeert CSRD volledig, slechts 20% voldoet aan de regelgeving en 17% voelt zich verplicht om aan de vraag van de markt te voldoen

De meerderheid staat aan het begin van hun reis: 45% doet nog steeds niets aan CSR(D), 28% is bezig met het identificeren van ESG-doelstellingen. Het is te hopen dat de cijfers op het moment dat u dit boek leest, positiever zijn.

Volgens het Sdu onderzoek is de 'top 5 grootste uitdagingen bij de uitrol':
❶ De juiste data uit de juiste bronnen verzamelen
❷ Bewustwording creëren binnen de organisatie voor ESG
❸ Ondersteuning en training van medewerkers voor hun nieuwe verantwoordelijkheden voor ESG
❹ Consolideren van data van verschillende afdelingen, locaties en processen in één systeem
❺ Formuleren van ESG-doelen en KPI's
Aan de hand van de voorgaande hoofdstukken heeft u een beeld van de impact voor uw eigen organisatie. U kan dus bepalen in hoeverre deze uitdagingen bij de uitrol ook voor u van toepassing zijn.

10.2 Voordelen van invoeren van ESG

Het invoeren van CSRD is verplicht. Het heeft echter ook voordelen. Het is goed om daar expliciet stil bij te staan en de voordelen tastbaar te maken. Toetsvragen die daarbij kunnen helpen:

- Wat zijn de voordelen van het invoeren van ESG voor een bepaalde bedrijfsactiviteit en hoe maak je dat tastbaar voor medewerkers?
- Wie zijn de sleutelfiguren bij het implementeren van ESG in de verschillende bedrijfsactiviteiten?
- Wat zijn de belangen van deze sleutelfiguren?
- Hoe kunnen wij de sleutelfiguren het beste betrekken zodat zij het belang van ESG inzien en daaraan bijdragen?

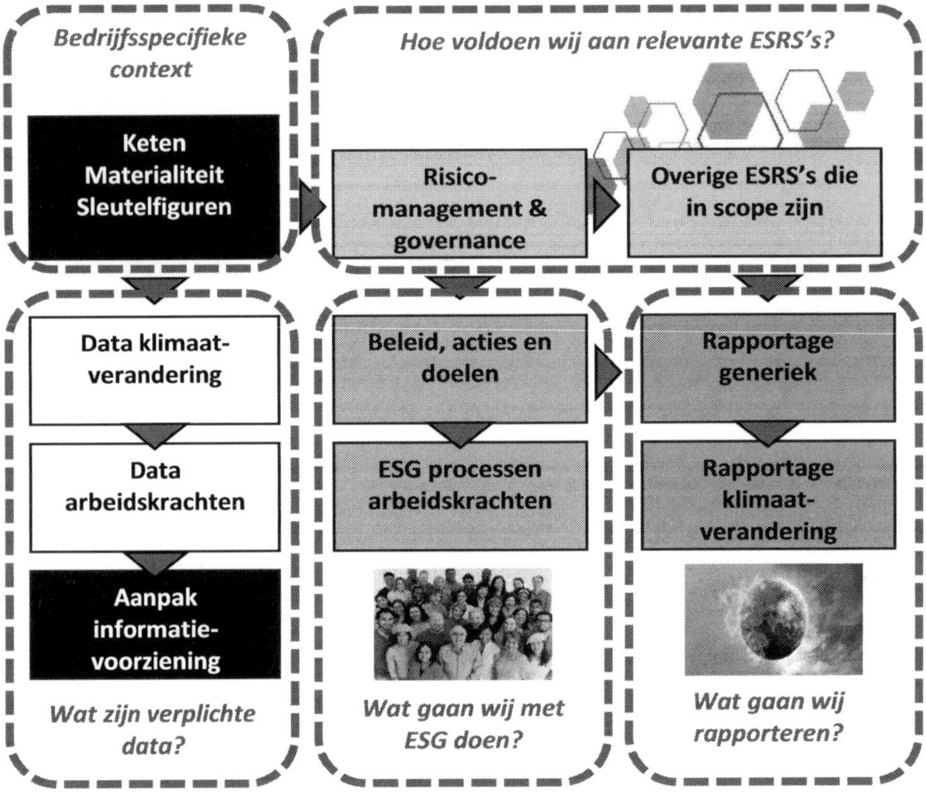
Bedrijfsspecifieke context
Keten
Materialiteit
Sleutelfiguren
Hoe voldoen wij aan relevante ESRS's?
Risico-management & governance
Overige ESRS's die in scope zijn
Data klimaat-verandering
Data arbeidskrachten
Aanpak informatie-voorziening
Wat zijn verplichte data?
Beleid, acties en doelen
ESG processen arbeidskrachten
Wat gaan wij met ESG doen?
Rapportage generiek
Rapportage klimaat-verandering
Wat gaan wij rapporteren?

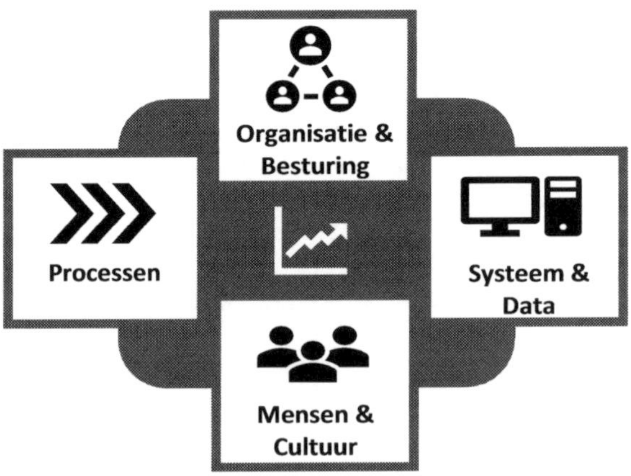
Organisatie & Besturing
Processen
Systeem & Data
Mensen & Cultuur

10.3 Inzicht in de veranderingen die worden doorgevoerd

Per component van de ESG aanpak kunnen er bedrijfsspecifieke oplossingen worden ontwikkeld om te voldoen aan de ESRS vereisten. De vraag is welke ESG puzzelstukjes hebben wij al en welke moeten wij nog ontwikkelen? Daarbij worden, op een gedetailleerd niveau, de volgende vragen beantwoord:

- Hoe kunnen wij data waarover wij nog niet beschikken vast gaan leggen?
- Hoe kunnen wij de vereiste data gaan ontsluiten?
- Welke aanpassingen in het risico management en de *governance* zijn nodig in het kader van ESRS?
- Welke activiteiten, bij ons, en in de keten, veroorzaken broeikasgasuitstoot en wat kunnen wij doen om dat te verminderen?
- Wat zijn de veranderingen die wij gaan doorvoeren m.b.t. arbeidskrachten?
- Welke beleidsmaatregelen willen wij het komende jaar doorvoeren en wat schuiven wij door naar het komende jaar?
- Wat betekent dat voor de acties en de doelen voor het komende jaar en daarop volgend jaar?

Voorbeelden van deelactiviteiten m.b.t specifieke ESRS vereisten zijn hieronder weergegeven:

Management & organisatie:

- Formuleren beleid
- Bepalen doelstellingen en acties
- Monitoren en sturen op veranderingen
- ....

Systeem en data:

- Registreren data klimaatverandering & arbeidskrachten
- Ontsluiten data en rapporteren conform CSRD
- Managen datakwaliteit
- ....

Mensen & cultuur

- Mobiliseren sleutelfiguren
- Trainen en begeleiden medewerkers
- Ontwikkelen duurzaam gedrag
- ....

Processen

- Vastleggen, ontsluiten en rapporteren ESG data
- Integreren ESG in risicomanagement
- Implementeren ESG processen m.b.t. arbeidskrachten
- ....

Het resultaat is een overzicht van alle bedrijfsspecifieke veranderingen die nodig zijn om ESG door te voeren. Ik wens u heel veel succes met het leggen van uw eigen ESG puzzel.